KUNSTEXPERTISEN

Wenn Warnsignale fehlen

Wie **V**erkennt man einen Vermeer?
Vermeers *Mädchen mit der Perle*
Echt oder falsch?

Ein Essay von Silke Jendrowiak

© Silke Jendrowiak 2017
Lektorat & Satz: Silke Jendrowiak
Verlag: tredition GmbH, Hamburg
ISBN 978-3-7439-2435-2 (Paperback)
Printed in Germany

Das Werk ist urheberrechtlich geschützt. Jede Verwertung ist ohne Zustimmung des Verlages und der Autorin unzulässig. Dies gilt insbesondere für die elektronische und für jede sonstige Vervielfältigung, Übersetzung, Verbreitung und öffentliche Zugänglichmachung.

Bibliografische Information der Deutschen Nationalbibliothek:
Die Deutsche Nationalbibliothek verzeichnet diese Publikation in der Deutschen Nationalbibliografie; detaillierte bibliografische Daten sind im Internet über http://dnb.d-nb.de abrufbar.

Inhalt

Teil 1: Wie verkennt man einen Vermeer?

Das Mädchen mit der Perle –
eine Fälschung?   7

Die Leidensgeschichte eines Gemäldes   12

Teil 2: Wenn Warnsignale fehlen

Van Meegerens ›Vermeers‹   19

Fußangeln der Stilanalyse   27

Calvinismus und Bilderverbot   33

Teil 3: Die ›geniale‹ Kopfwendung

Vermeers *Mädchen mit der Perle*,
Prüfsteine für eine Stilanalyse   41

Der ›Van-Dyck-Typus‹ oder
das Motiv der ›genialen‹ Kopfwendung   46

Inhalt

Das Vorbild Samuel van Hoogstraten   54

Ein erstes Fazit   56

Eine „Muse der Geschichte" namens Klio
und das *Mädchen mit der* Perle   58

**Teil 4: Eine letzte Frage
und eine Spurensuche:**

Wer mag das *Mädchen* gewesen sein?   65

Bildnachweise   81

Links zu Gemäldeabbildungen   83

Teil 1

WIE VERKENNT MAN EINEN VERMEER?

Das *Mädchen mit der Perle* – eine Fälschung?

Den Haag, Regierungssitz der Niederlande, ist mit dem Einzug bedeutender Europa - Institutionen gewaltig gewachsen und mit der Stadt zugleich auch die Königliche Gemäldegalerie, das Mauritshuis. Der Eingangsbereich, jetzt neu im Souterrain, erlaubt den gesamten Altbau für die permanente Gemäldesammlung zu nutzen und einen zielgerichteten Besucherrundgang anzubieten. Der läuft erst ganz am Schluss auf das Gemälde zu, das die Besucher auf jeden Fall sehen möchten: Vermeers *wereldberoemde Meisje met de parel*.[1]

Das ›weltberühmte‹ *Mädchen mit der Perle* ist zur Zugnummer des Hauses aufgestiegen, seit es als Werbeträger für die erste große Einzelausstellung (Washington und Den Haag 1995/1996) ausgewählt wurde. Seitdem wuchs seine Popularität ganz mächtig. In einer breiten Öffentlichkeit wurde das Gemälde zu einem Erkennungszeichen für die-

---

[1] In der deutschsprachigen Literatur zu Vermeer wird für das Gemälde der Titel des Romans von Tracy Chevalier verwendet: *Girl with a Pearl Earing* (dt. 2000, *Mädchen mit dem Perlenohrgehänge*). Ich folge dem holländischen Titel *Meisje met de parel*.

sen niederländischen Künstler aus dem 17. Jahrhundert (1632 – 1675) und für die Werbebranche ein nicht mehr versiegender Quell der Verwandlungskunst.

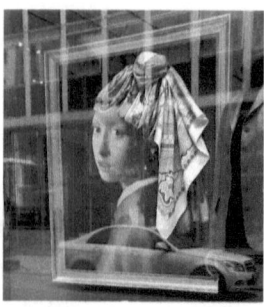

Hermès - Schaufenster in Hamburg

Anders als in der allgemeinen Öffentlichkeit und in der populären Literatur steht für Wissenschaftler und Wissenschaftlerinnen das *Mädchen mit der Perle* nicht an der Spitze der Meisterwerke Vermeers. Da gelten *Die Malkunst*, eine „Ikone der westlichen Malerei",[2] und dann vor allem auch *Das Küchenmädchen*, das dem Kunsthistoriker E. H. Gombrich „wie ein Wunder" erschien[3], als unvergängliche Werke der Kunstgeschichte. Nicht zu vergessen sind auch die Stadtansichten *Die Straße* und *Die Ansicht von Delft*, letzteres *een volledig meesterstuk* (ein vollkommenes Meisterwerk) – so das Urteil des niederländischen Kunstwissenschaftlers Bob Haak.[4] Doch dank einer in den Medien hochgejubelten (Wieder-) Entdeckung Vermeers scheint das Gemälde *Mädchen mit der Perle* sich in der Reihe der großen Meisterwerke zu halten, möglicherweise nur deshalb, weil

---

[2] Sabine Haag: Vermeer, die Malkunst – Spurensicherung an einem Meisterwerk. Ausstellungskatalog des Kunsthistorischen Museums Wien 2010, S. 7
[3] E. H. Gombrich: Die Geschichte der Kunst. Erweiterte, überarbeitete und neu gestaltete 16. Ausgabe. Berlin 1996, S. 433
[4] B. Haak, Hollandse Schilders in de Goude Eeuw. Zwolle 2003, S.447 / 448.

es in besonderem Maße dem heutigen Zeitgeschmack entspricht oder weil das Dekorative und Plakative der Darstellung es so vielseitig verwendbar machen.

Als im Jahr 2015 der britische Spezialist für Kunstkriminalität Noah Charney mit seinem Buch über berühmte Kunstfälschungen unter dem Titel *Original Meisterfälscher. Ego, Geld & Größenwahn* auf Deutsch erschien und zum Bestseller aufstieg[5], konnte man feststellen: Auch der Wiener Brandstätter Verlag hatte auf Vermeer zurückgegriffen und für den Schutzumschlag das *Mädchen mit der Perle* gewählt. Warum das? Was wollte der Verlag bei einem Band, in dem es ausschliesslich um berühmte ›Meisterfälscher‹ - Geschichten geht, sagen?

Fakt ist: Es gab schon Zweifel an der Zuordnung des Gemäldes *Mädchen mit der Perle* zu Vermeer. Und wirkliche Sicherheit konnte und kann auch niemand bieten, dafür fehlen die notwendigen Quellen und dafür ist auch die Herkunftsgeschichte dieses Gemäldes, sein überraschendes Auftauchen Ende des 19. Jahrhunderts in Den Haag, zu abenteuerlich.

Andererseits: Können selbst hoch anerkannte Vermeer - Experten, die dieses Gemälde für authentisch halten, tatsächlich einer Fälschung aufgesessen sein? Möglicherweise einer des so berühmt wie berüchtigten Vermeer - Fälschers van Meegeren, der Mitte des vorigen Jahrhunderts für einen Skandal sorgte? An ihn wird immer wieder gerne erinnert, nicht nur bei Charney. Im Oktober 2016 machte das Museum Prinsenhof in Delft auf einen Kinofilm mit dem nichtssagenden Titel *Een Echte Vermeer*[6] (Ein echter Ver-

---

[5] Noah Charney: Original Meisterfälscher. Ego, Geld & Größenwahn. Brandstätter Verlag, Wien 2015.
[6] https://twitter.com/HetPrinsenhof, aufgerufen am 27.10.2016

meer) aufmerksam. Dieser sollte das Leben des holländischen Fälschers sowie seine ›Kunst‹ plus einer anrührenden Liebesgeschichte vorstellen. Kurz zuvor hatte die französische Zeitung Le Monde van Meegeren eine ganze Seite eingeräumt:

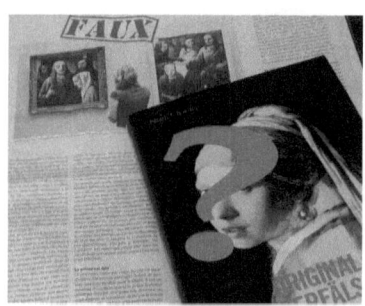

wirklich alles falsch?

Der Holländer Han (Henricus Antonius) van Meegeren (1889 - 1947) hat mehrere ›Vermeers‹ auf den Markt gebracht. Das kann man bei Noah Charney nachlesen. Doch das *Mädchen mit der Perle* wird von ihm mit keinem Wort erwähnt. Das lässt Böses ahnen: Sollte etwa die doch (noch?) als seriös geltende Buchbranche von der online - Masche ›Fake -News‹ infiziert worden sein? Wenn der Brandstätter Verlag auf dem Schutzumschlag für eine Sammlung von Fälschergeschichten ein Gemälde abbildet, das durch den Inhalt des Bandes nicht gedeckt ist, dann muss man fragen: Ging es hier allein um eine Verkaufsstrategie des Verlags, ein Haschen nach Aufmerksamkeit? Tatsächlich! Auf Anfrage hieß es aus dem Brandstätter Verlag: Die Wahl des *Mädchen mit der Perle* sei „eine reine Marketing - Entscheidung" gewesen, angelehnt an die englische Originalausgabe.[7] Also wurde die Irreführung der Kunden

---

[7] Antwort auf meine Anfrage per mail am 15. März 2017 von der Projektverantwortlichen im Brandstätter Verlag für die deutschsprachige Ausgabe Elisabeth Stein.

ganz bewusst in Kauf genommen. Das ist ärgerlich, weil die Frage nach möglichen, noch nicht entdeckten bzw. nicht eingeräumten Fälschungen in dem heute als ›Gesamtwerk‹ betrachteten Oeuvre Vermeers ganz und gar nicht abwegig ist.

Die Leidensgeschichte eines Gemäldes

Den Delfter Maler Johannis[8] Vermeer darf man als Prototyp eines geeigneten Opfers für Fälschungen betrachten.[9] Keines seiner Werke kann exakt auf der Grundlage von Quellen datiert werden. Für nicht eines ist der Herkunftsnachweis lückenlos. Für das *Mädchen mit der Perle* ist er besonders schwer zu führen, denn ein Brustbild wie dieses, von einem bis heute unbekannten Mädchen, firmierte zu Lebzeiten Vermeers in der Regel unter dem allgemeinen Gattungsbegriff *tronie* (Studie). Dass Vermeer ›Studien‹ malte, dafür gibt es Quellen. In der Erbschaft von Jean Larson, einem Bildhauer in Den Haag, ist unter den Gemälden und dem Namen Vermeer eine *tronie* erwähnt mit einem Schätzwert von 10 Gulden plus 30 Stuyver Aufschlag, ein damals nicht eben hoher Preis![10] Das war im Jahr 1664 und auch im Katalog einer Amsterdamer Auktion von 1696, in der über zwanzig Jahre nach dem Tod Vermeers mehrere Werke von ihm zur Versteigerung kamen, waren *tronien* aufgeführt. Ob das *Mädchen mit der Perle* (der Titel ist eine Hinzufügung aus dem 19. Jahrhundert) identisch ist mit einer der in diesen Quellen genannten *tronien*, ist völlig offen. Bis zum Jahr 1881 wusste man nichts von dem Gemälde. Es war auf einer Auktion in Den Haag von einem Sammler als ein Werk Vermeers ›erkannt‹ worden.[11] Einige

---

[8] Der Taufname von Vermeer ist Joannis, so der Eintrag im Register der Lukasgilde. Er unterschrieb auch mit Johannis, jedoch nie mit Jan. Der heute gebräuchliche Name Johannes ist eine moderne Form. Ich wähle Johannis (s. Silke Jendrowiak: Vermeer. Sicht auf Delft und ein Frauenideal. Korrigierte und ergänzte Ausgabe, Hamburg 1986, S. 9).
[9] S. Istvàn Schlégl, Piero Bianconi: Das Gesamtwerk von Vermeer. Dt. Mailand 1967. Der Band gibt einen sehr guten Überblick über die wieder verworfenen ›Vermeers‹ und über in Quellen zitierte Gemälde, die als verschollen gelten.
[10] Zitiert in Gilles Aillaud, Albert Blankert, John Michael Montias: Vermeer. Genf 1987 (dt. 1987), S. 186.
[11] Zur Provenienz s. Vermeer. Das Gesamtwerk. Hrsg: Arthur K. Wheelock, Jr. Stuttgart, Zürich, ²1996, S. 168.

Jahre später gelangte es an die Königliche Gemäldegalerie, das Mauritshuis, deren damaliger Direktor Abraham Bredius sich mit seinem Namen und seinem Ruf für die Zuordnung zu Vermeer verbürgte. Bredius galt als einer der führenden Experten für die niederländische Kunst des 17. Jahrhunderts.

Auf der homepage des Mauritshuis' findet man nichts von einem Zweifel an der Authentizität des *Mädchen mit der Perle*. Das Gleiche gilt für die wissenschaftliche Literatur. Das ist erstaunlich, denn das Bild war schon bei seiner Entdeckung in keinem guten Zustand. Nach mehreren konservatorischen Eingriffen im Laufe der Zeit muss inzwischen von einem katastrophalen Befund gesprochen werden. Eine gründliche Untersuchung mit den damals modernsten wissenschaftlichen Methoden förderte – das war 1994 - folgende Mängel zutage[12]: Die Originalleinwand war durch frühere Behandlungen eingelaufen und durch eine Außenfaltung der Spannkanten vergrößert worden. Der Firnis wurde Anfang der sechziger Jahre mit Pigmenten aus Rußschwarz angereichert, sodass die originale Farbigkeit des Hintergrunds nur noch in einem kleinen Ausschnitt links vom Kopf des Mädchens vorhanden ist. Auf der Bildoberfläche zeigten sich Verschiebungen, Schollen der originalen Farbschicht waren nicht mehr an ihren ursprünglichen Stellen. Oft waren sie, so heißt es, umgedreht, mit der hellen Grundierungsseite nach oben, auf der Bildoberfläche von Füllmasse umgeben.[13]

In Ausstellungskatalogen, selbst in dem von 1995 / 1996, der das *Mädchen mit der Perle* in den Mittelpunkt stellte, wird dieser Zustand nicht erwähnt. Dem Original im Mauritshuis sah man vor Jahren (im Mai 2007) das leidvolle Schicksal nur allzu deutlich an. Seit dem Umbau des Hau-

---

[12] Die folgenden Ausführungen stützen sich auf den Bericht in RESTAURO. Zeitschrift für Kunsttechniken, Retaurierung und Museumsfragen. Nr. 3, Mai – Juni 1996, S. 172 - 177.
[13] Ebd. S. 174

ses und mit der neuen Hängung wirkt das Gemälde sehr geglättet, wenig unterscheidbar von einer technisch perfekten Reproduktion des Gemäldes.

Allein wegen der schwerwiegenden Eingriffe in die Substanz der Malerei wird nicht mehr zweifelsfrei zu klären sein, ob dieses Gemälde tatsächlich von der Hand Vermeers ist. Doch selbst bei einer gut erhaltenen Leinwand kann eine Entscheidung über die Frage ›Original oder Fälschung ?‹ nicht allein auf der Grundlage naturwissenschaftlicher Analysen getroffen werden. Die inzwischen zur Verfügung stehenden Testmethoden erlauben zwar kleinste Veränderungen zu erfassen, sie können aber immer nur helfen das Alter und den Entstehungsprozess eines Gemäldes nachzuvollziehen. Letzte Sicherheit vor Fälschungen geben sie nicht. Sogar eine so ausgefeilte Untersuchungsmethode wie die aus der Kriminaltechnologie gewonnene Fingerabdruck- und DNS - Analyse, die bei Kunstwerken angewendet wird, ist laut Noah Charney nicht fälschungssicher.[14]

So wertvoll naturwissenschaftliche Methoden sind, vor Fälschungen oder auch Kopien, die aus der Entstehungszeit eines Gemäldes stammen – und beides gab es oft im 17. Jahrhundert - versagen sie. Da kann nur mit einem kunsthistorisch fundierten Sachverstand geprüft werden, ob Maler und Werk zusammenpassen. Die Antwort auf die Frage der Authentizität bleibt somit letztlich immer eine Sache der ästhetischen und stilistischen Einschätzung und damit ein Problem der Überzeugungskraft, einer auf Wahrscheinlichkeit, nie auf endgültigen Wahrheiten beruhenden Argumentation.

---

[14] Noah Charney (Anm. 5) S. 272. Der Band enthält ein Glossar wissenschaftlicher Testmethoden, S. 271 - 274.

Ergo: Es bleibt bei jedem Kunsturteil ein großer Spielraum für unterschiedliche Meinungen und somit auch für Fälschungen. Dass der Einfallsreichtum von Menschen, die betrügen wollen, grenzenlos sein kann, dafür ist der Fall des Vermeer - Fälschers van Meegeren ein Paradebeispiel. In seinen wesentlichen Grundzügen ist er bekannt, aber hier geht es mir nicht nur darum zu zeigen, mit welcher Raffinesse und Sorgfalt dieser Mann arbeitete, sondern vor allem auch, dass zu seinem Erfolg mehr gehörte als handwerkliches Wissen.

Teil 2

Wenn Warnsignale fehlen

Van Meegerens ›Vermeers‹

Für seine Vermeer - Fälschungen brachte Han Van Meegeren gute Voraussetzungen mit: Er hatte eine Ausbildung in einer Kunstakademie erhalten, eine Karriere als Antiquar und Maler begründet und er hatte durch die Mitarbeit bei Restaurierungen alter Gemälde Spezialwissen erworben.[15] Nach kleineren Versuchen trieb ihn der Ehrgeiz. Ende der dreißiger Jahre nahm er sich Zeit, um mit alten Pigmenten zu experimentieren und um einen Elektro - Ofen zu konstruieren, mit dem er eine schnelle Trocknung erreichte und so einen von echten Werken kaum mehr zu unterscheidenden Alterungsprozess. Selbst an die Wirkung der Pinsel dachte er und nutzte Rasierpinsel aus Iltishaar.

Die Mühe sollte sich lohnen, was Material, Farbwahl und -auftrag angeht. Wichtig für den Erfolg aber wurde vor allem das Sujet, das er wählte. Es war ein religiöses, angelehnt an die Erzählung im Lukas - Evangelium, nach der Jesus nach der Auferstehung zweien seiner Jünger erschien, als diese nach Emmaus gingen, einem Ort im alten Judäa. Der Überlieferung nach erkannten sie ihn während eines Mahls, das sie mit ihm einnahmen.

---

[15] Istvàn Schlégl, Piero Bianconi (Anm. 9) geben im Anhang eine ausführlichere Darstellung des Falls, S. 100 - 102. Es gibt auch eine spannende literarische Version des »Krimis« um die Fälschungen von Van Meegeren von Luigi Guarnieri: Das Doppelleben des Vermeer. Aus dem Italienischen von Maja Pflug. München 2005.

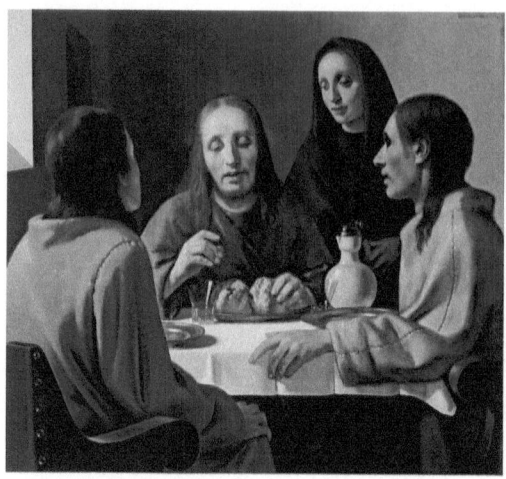

The men at Emmaus / Das Emmausmahl

Für *Das Emmausmahl* gab es im damals allgemein anerkannten Vermeer - Werk wenig Vergleichbares. Was das angeht, kann Noah Charney sich bestätigt fühlen, wenn er aus den erfolgreichen Fälschungen der Vergangenheit den Schluss zog:

> *Kein intelligenter Fälscher kopiert existierende Werke. Stattdessen kreiert er neue Arbeiten in einem überzeugend imitierten Stil. Dazu kommt eine plausiblen [sic!] Herkunftsgeschichte, die die Fälschungen als verschollenes Original durchgehen lässt.*[16]

Van Meegeren hatte für die Herkunft seines Gemäldes auf eine italienische Patrizierfamilie verwiesen, die anonym bleiben wollte. Das war akzeptiert worden. Das Wissen, wie Kunstkritik und Kunsthandel ticken, erwies sich als der entscheidende Faktor für das Gelingen des Betrugs. Der Part des Opfers fiel an Abraham Bredius. Er hatte die Stellung als Museumsleiter schon lange nicht mehr inne,

---

[16] Noah Charney (Anm. 5) S. 176

›Kunstgelehrte‹ (so in Meyers Konversationslexikon von 1904) stand aber weiterhin in hohem Ansehen.

> **Meyers**
> **Großes**
> **Konversations-Lexikon.**
>
> **Bredius,** Abraham, holländ. Kunstgelehrter, geb. 18. April 1855 in Amsterdam, war bis zu seinem 20. Jahre Musiker, wurde dann aber durch wiederholte Reisen auf das Studium der Kunstgeschichte geführt. Die Ergebnisse seiner gründlichen Urkundenforschungen veröffentlichte er in holländischen, deutschen, englischen und französischen Kunstzeitschriften. 1881 wurde er Vizedirektor des Niederländischen Museums in Amsterdam und 1889 Direktor der königlichen Gemäldegalerie im Haag. Die Universität Gießen promovierte ihn 1888 zum Ehrendoktor. Er gab heraus: »Die Meisterwerke des Rijksmuseums in Amsterdam« (Münch. 1888) und »Die Meisterwerke der königlichen Gemäldegalerie im Haag« (das. 1891) und bearbeitete die Kataloge der Gemäldegalerien im Reichsmuseum zu Amsterdam, im Haag und in Utrecht. Auch hat er an den neuern Katalogen der meisten öffentlichen Gemäldegalerien Europas mitgearbeitet.
> **Bredouille** (franz., spr. brĕduíj', -bullje), im Trictrac ein doppeltes Spiel, das man gewonnen oder
>
> 1904.

Bredius, dessen Würdigung sinnigerweise vor ›Bredouille‹, zu stehen kam, war durch seine heftigen Polemiken gegen van Meegeren zum Intimfeind dieses Mannes geworden, der die Malerei seiner Zeit verachtete. Van Meegeren bewunderte die niederländischen Meister des 17. Jahrhunderts, in deren Nachfolge er sich sah. Obwohl er mit den Werken, die er unter seinem eigenen Namen verkaufte, offenbar in bürgerlichen Kreisen durchaus Erfolg hatte und schon während seiner Ausbildung bei einem Studentenwettbewerb eine Goldmedaille gewann[17], wurde er von Bredius und anderen herausragenden Kunstexperten Hollands nicht anerkannt. Das Gefühl öffentlich gedemütigt zu

---

[17] Luigi Guarnieri (s. Anm. 15). Der Autor betont in seinem Nachwort, dass er sich bei seiner literarischen Version der Fälschungsgeschichte *streng an die Quellen, die Daten, die Dokumente* gehalten habe (S. 222).

werden und sicher auch der Wunsch nach Rache trieben ihn dazu, vor allem Bredius Fälschungen unterzujubeln.

Bredius wurde zum Verhängnis, dass er fest davon überzeugt war, Vermeer habe religiöse Bilder gemalt. Ein erstes, *Christus bei Maria und Martha* (das noch heute zum Gesamtwerk Vermeers zählt, obwohl eine Nähe zu den Fälschungen Van Meegerens unverkennbar ist), war um 1880 aufgetaucht und zum Gegenstand kontroverser Diskussionen unter den Kunstkritikern geworden, bis Bredius' Urteil den Ausschlag gab, es als eigenhändig anzuerkennen. Danach verstummte die Kritik. Bredius aber war sich fortan sicher, es würden weitere Gemälde dieser Art von Vermeer auftauchen. Das dann im Jahr 1937 fertiggestellte *Emmausmahl* – da war Bredius schon über 80 Jahre alt und in Monaco sesshaft – ließ Van Meegeren ihm über einen Mittelsmann zwecks Begutachtung vorlegen und der Kunstexperte sah sich endlich bestätigt. In einem kurzen Artikel für das Burlington Magazine schrieb er voller Enthusiasmus: *every inch a Vermeer* (jeder Zoll ein Vermeer)[18].

A NEW VERMEER BY ABRAHAM BREDIUS

T is a wonderful moment in the life of a lover of art when he finds himself suddenly confronted with a hitherto unknown painting by a great master, untouched, on the original canvas, and without any restoration, just as it left the painter's studio ! And what a picture ! Neither the beautiful signature " I. V. Meer " (I.V.M. in monogram) nor the *pointillé* on the bread which Christ is blessing, is necessary to convince us that we have here a—I am inclined to say—*the* masterpiece of

of the well-known study in the Bre Milan, formerly held to be a sketch by the Christ of the *Last Supper*. Jesus is break the bread at that moment wh in the New Testament, the eyes of were opened and they recognized from the dead and seated before Disciple on the left seen in profile sh adoration, mingled with astonishmen at Christ.

In no other picture by the great M

Bredius ging davon aus, eine originale Leinwand vor sich zu haben:

---

[18] Burlington Magazine: Abraham Bredius: A New Vermeer. November 1937, 416 - Vol 71, S. 211

*untouched, on the original canvas, and without any restoration, just as it left the painter's studio (*unberührt, auf der originalen Leinwand und ohne jegliche Restaurierung, gerade wie es das Atelier des Malers verließ*)*.[19]

Welch eine Naivität, möchte man meinen, dass ein Gemälde, das über einen Zeitraum von fast dreihundert Jahren Besitzerwechsel erlebt haben musste, völlig unbeschadet davongekommen sein sollte! Doch die Überzeugung, dass sich die eigene Prophezeiung, es gebe religiöse Gemälde von Vermeer, endlich erfüllte, und sicher auch der Glaube an die eigene Unfehlbarkeit unterdrückten bei Bredius offenbar jedes Warnsignal. Er formulierte:

> *Neither the beautiful signatur „I.V. Meer" (I.V.M. in monogram) nor the pointillé on the bread which Christ is blessing, is necessary to convince us that we have here a - I am inclined to say - the masterpiece of Johannes Vermeer of Delft,....*[20]/
> (Weder die wunderbare Signatur „I.V.Meer" (I.V.M. als Monogram) noch das Pointillé auf dem Brot, welches Christus segnet, ist notwendig, um uns zu überzeugen, dass wir hier ein - ich bin geneigt zu sagen - das Meisterwerk von Johannes Vermeer von Delft haben,....)

Die Begeisterung des Experten überzeugte. *Das Emmausmahl* wurde für über 500.000 Gulden für das [heute] Boijmans van Beuningen Museum Rotterdam angekauft. Das Gemälde hatte als ein bis dahin unbekanntes Frühwerk Vermeers Sensation gemacht.

---

[19] Ebd.
[20] Ebd.

Angestachelt vom Erfolg seines Coups mit Bredius malte van Meegeren weitere ›Vermeers‹. Das bekannteste wurde das Gemälde *Christus und die Ehebrecherin* (1942), das in der Sammlung des Nazi und Oberbefehlshabers der Deutschen Luftwaffe Hermann Göring landete. Diesen spektakulären Fall übergeht Noah Charney in seiner Sammlung der *Original Meisterfälscher* nicht! Er kam ins Rollen, als unmittelbar nach Kriegsende, im Mai 1945, Fotos von der aus den österreichischen Salzbergwerken hervorgeholten Göring - Sammlung durch die Presse gingen, darunter ein *Christus und die Ehebrecherin* mit einer Signatur Vermeers.

Relativ schnell stellte die niederländische Polizei fest, dass das Gemälde in Amsterdam verkauft worden war und dass van Meegeren der Verkäufer war. Er wurde des Verkaufs von nationalem Kulturgut angeklagt. Das galt als Vaterlandsverrat. Als van Meegeren begriff, dass ihm die Todesstrafe drohte, gestand er seine Betrügereien. Doch der Fälscher musste erleben, dass die ›Expertise‹ seines Intimfeindes wie auch die Gutachten anderer Kunstexperten so viel Gewicht hatten, dass die Richter dem Angeklagten das Geständnis seiner Fälschungen nicht abnahmen. Schließlich fanden sie einen Ausweg, der einmalig bleiben dürfte. Der in Haft sitzende Van Meegeren sollte eine Kopie anfertigen. Doch auch dieser Betrüger behauptete von sich noch nie eine Kopie gemalt zu haben und er setzte durch, einen weiteren ›Vermeer‹, einen *Christus unter den Gelehrten*, zu malen. Während dieser Arbeit stand er unter ununterbrochener Beobachtung. Das Ergebnis überzeugte: Van Meegeren entging der Todesstrafe, starb aber 1947, noch während der Haft, zu der er verurteilt worden war.

Heutzutage reiben Kritiker sich die Augen. Auch Noah Charney schreibt:

> *Was die meisten an den Vermeers von van Meegeren erstaunt: Sie sehen überhaupt nicht wie Gemälde von*

> Vermeer aus. Das einzige, das sie mit Vermeer-Originalen gemeinsam haben, sind die Lichteffekte durch gemalte Fenster. Van Meegerens Bilder sind zu groß, zu flächig und zu klobig.[21]

Ist das wirklich so?

Bredius war voller Bewunderung für die Größe des Gemäldes: *one of his largest works (1.29 m. by 1.17 m)*.[22] Dabei übertrifft es *Die Malkunst* (120 cm x 100 cm) nur um Weniges, ebenso *Diana und ihre Gefährtinnen* (98,5 cm x 105 cm) oder *Die Ansicht von Delft* (98,5 cm x 118,5 cm). Diese drei verteilen sich über die gesamte Schaffenszeit von Vermeer. Van Meegeren scheint einkalkuliert zu haben, dass sein ›Vermeer‹, in jede Werkphase des Künstlers passen könnte.

Und ›klobig‹? Das ist ein relativer, nur im Vergleich zu fassender Begriff. Vermeer wird für seine Perspektive gerühmt, für die Nahsicht auf seine Personen, wie im Gemälde *Diana und ihre Gefährtinnen* und vor allem in *Die Malkunst*. Van Meegeren hat sich an einer solchen ›Nahsicht‹ (auch ein relativer Begriff) orientiert, sie noch ein Stück gesteigert. Auch Bredius wird an diese von Vermeer bekannte Perspektive gedacht haben. Darüberhinaus gab der Fälscher seiner Figur des Christus' und einzelnen weiblichen Gestalten die niedergeschlagenen Augen mit, die in Vermeers *Die Malkunst* das weibliche Modell zeigt, das mit den Insignien der antiquen Muse Klio (der Muse der Geschichte) ausgestattet ist. Das Pointillé auf dem Brot, das Bredius hervorhob, wird ihn dagegen an den Tisch mit dem Brot in Vermeers *Küchenmädchen* erinnert haben. Diese Wiedererkennungsmerkmale, wie auch die Signatur (eine von mehreren für echt gehaltenen von Vermeer), werden ihre Wirkung auf den Experten nicht verfehlt haben.

---

[21] Noah Charney (Anm. 5) S. 98
[22] Burlington Magazine (Anm. 18)

Bei der Lichtführung sieht das anders aus. Da hätte Bredius stutzen müssen. Licht und Schatten sind nicht so verteilt, dass die Lichtquelle plausibel wirkt wie sonst bei Vermeer. Das Tageslicht fällt auf den Kopf und die Hände der Christusfigur, doch vor allem bringt es das weiße Tischtuch zum Leuchten, ohne aber die auf das Tuch gelegte Hand und den Unterarm der rechten Person, eines ›Jüngers‹, mit zu erhellen. Überhaupt weisen alle Hautpartien eine sehr einheitliche Farbigkeit auf und sind damit meilenweit entfernt von Vermeers Können in der Gestaltung solcher Details. Der Christus ist, obwohl er im Licht sitzt, eher fahl dargestellt. Eine Anspielung auf den von den Toten Auferstandenen? Das wäre eine überaus triviale Umsetzung! Auch der Hintergrund hätte auffallen müssen. Vermeers Flächen sind selbst dort, wo offenkundig nichts an der Wand hängt, lebendig und voll kleiner Details.

Der Niveauunterschied in der malerischen Qualität zwischen den Hauptwerken Vermeers und den Gemälden van Meegerens erscheint heutzutage, wo man von den Fälschungen weiß, als so groß, dass deren Anerkennung als echte Vermeers tatsächlich schwer nachvollziehbar ist. Doch in der ersten Hälfte des 20. Jahrhunderts sahen und dachten viele Kunstkritiker und Kunsthistoriker in Kategorien, die van Meegeren den Betrug sehr viel leichter machten, als man es heute glauben möchte. Sein Fall belegt deshalb vor allem auch, dass ganz spezifische Umstände, die im Kunstverständnis einer Zeit liegen, genauso oder möglicherweise noch entscheidender sein können als der Stil eines Künstlers, wenn es darum geht, Fälschungen in den Kunstbetrieb einzuschleusen.

Fußangeln der Stilanalyse

Bredius wirkte als Museumsmann in einer Zeit, in der in Deutschland und in zahlreichen benachbarten Ländern eine zutiefst antiwissenschaftliche, irrationale Kunst- und Gesellschaftsauffassung an Bedeutung gewann. Mit ihrer Verbreitung wuchs die Forderung nach einer ›Kulturerneuerung‹, die verstanden wurde als eine auf Intuition und Gefühl begründete Kunst (-betrachtung). Ein solches Denken war in allen Gesellschaftsschichten verbreitet, denn die Abneigung gegen die damalige gesellschaftliche ›Moderne‹ war groß. Sie war eine Reaktion auf die Industrialisierung und den Gründergeist.

Der Historiker Fritz Stern, der als Kind aus Deutschland emigrieren musste, in den USA ein hochgeschätzter Wissenschaftler wurde und auch in Deutschland mit seinen Arbeiten bestens bekannt ist, hat knapp zwanzig Jahre nach dem Zeiten Weltkrieg diese Strömung als eine besondere Form des Kulturpessimismus' beschrieben.[23] Er konzentrierte seine Untersuchung auf drei ihrer herausragenden Exponenten: Paul Anton de Lagarde (*Deutsche Schriften*) und Julius Langbehn (*Rembrandt als Erzieher*) – beide Männer wurden 1851 geboren – sowie den 1876 geborenen Arthur Moeller van den Bruck (*Die Deutschen*). Die Kraft und die Reichweite ihrer Schriften, so Fritz Stern, sei in wissenschaftlichen Untersuchungen über die Vorgeschichte des Nationalsozialismus' zu selten erkannt worden. Die Ausbreitung eines seelischen Unbehagens in den geistigen Schichten Deutschlands in den Zwanziger -und Dreißigerjahren habe diese empfänglich gemacht für eine Spielart der völkischen Ideologie, die nicht nur dem Nationalsozialismus ähnlich sei, sondern von den Nationalsozialisten

---

[23] Fritz Stern: Kulturpessimismus als politische Gefahr. Eine Analyse nationaler Ideologie in Deutschland. Bern Stuttgart Wien 1963.

selbst als ein wesentlicher Bestandteil ihres politisch - kulturellen Erbes anerkannt wurde.[24]

Im Wissen um diesen Zeitgeist erscheint die ›Expertise‹ von Bredius über *Das Emmausmahl* in einem anderen Licht. Der holländische Kunstexperte kannte Langbehns Buch *Rembrandt als Erzieher*, das als exemplarisch gilt für eine an altertümlichen, niederdeutschen Werten orientierte Kunst- und Kulturwende. Stern nennt das Werk eine *Rhapsodie des Irrationalismus*. Ungeachtet des wirren Stils habe es bei seinem Erscheinen 1890 in Leipzig großes Aufsehen erregt, auch weil der Band anonym erschien. An der Stelle des Verfassernamens stand *Von einem Deutschen*. Erst in späteren Auflagen hob Langbehn die Anonymität auf. Bis zum Ende des Zweiten Weltkrieges wurden neununddreißig Auflagen mit einer Gesamtzahl von 150 000 Bänden gezählt.[25]

Langbehn hatte, nach Anfängen in einem naturwissenschaftlichen Studium in München, die Gesellschaft von Kunststudenten und Künstlern als wesentlich attraktiver empfunden als sein Chemiestudium. Mit dem Wechsel zu Archäologie und Kunst ging – so schreibt Fritz Stern – eine Persönlichkeitswandlung einher, die nicht nur zur Ablehnung einer akademischen Laufbahn, sondern zur Verachtung des gesamten Wissenschaftsbetriebs und zu einer maßlosen Selbstüberschätzung führte.[26] Statt auf Fakten und Analyse setzte Langbehn fortan auf eine uneingeschränkte Subjektivität in der wissenschaftlichen Arbeit: Die Wissenschaftler sollten sich in ersten Linie auf ihr Urteilsvermögen und auf ihr Gefühl verlassen.[27] Gut zehn Jahre lang sammelte Langbehn in Museen und Bibliotheken Material für sein Werk.

---

[24] Ebd. S. 5
[25] Ebd. S. 141 und 192
[26] Ebd. S. 132 ff
[27] Ebd. S. 157

Langbehns Ziel war es, eine nationale Wiedergeburt durch die Kunst herbeizuführen. Da er Kunst mit Mystik gleichsetzte, wurde sie bei ihm religiös überhöht, wurde eine Form von Religionsersatz. Rembrandt galt ihm als ein Symbol der Erneuerung. Der holländische Maler wurde für Langbehn ein wiedererstandener Prophet, der die ›unwahre‹ Kunst des Naturalismus überwinden und durch sein Vorbild beweisen würde, dass der Zweck der Kunst nicht allein in der Erschaffung von Schönheit liege, sondern in der Erlangung der ›höchsten und vollsten Wahrheit‹. Langbehn ging davon aus, dass auf der Suche nach dieser ›Wahrheit‹ Kunst und Religion gleichermaßen zwischen dem Menschen und dem Göttlichen zu vermitteln vermögen.[28] So überfrachtet wurde die Kunst zum Inbegriff alles Ersehnten, der Künstler – vorausgesetzt er hat die Größe eines Rembrandts – wurde zum Erneuerer der Gesellschaft.

Einer der ersten, wenn nicht der erste, der sich für die Verbreitung von Langbehns Buch einsetzte, war der Berliner ›Museumspapst‹ Wilhelm (von) Bode, der als der bedeutendste deutsche Rembrandt - Forscher galt. Seine Besprechung in den Preußischen Jahrbüchern war, schreibt Manfred Ohlsen in seiner Bode -Biographie, vorher mit Langbehn sorgfältig abgesprochen worden.[29]

Bode hatte Langbehn kennengelernt, als dieser ihn um eine Beurteilung seines Buches bat, und er war offenbar so angetan, dass er überlegt haben soll, den Band zusammen mit Gleichgesinnten und Förderern auf eigene Kosten drucken zu lassen, falls sich kein Verlag fände. Das erwies sich dann als unnötig. Bode wurde aber noch anderweitig aktiv. Obwohl Langbehn die Museen – und damit ihn – von seiner

---

[28] Ebd. S. 144/145
[29] Manfred Ohlsen: Wilhelm von Bode. Zwischen Kaisermacht und Kunsttempel. Biographie. Berlin 1995, S. 149

harschen Kulturkritik nicht ausnahm, verteidigte er das Rembrandt – Buch, schreibt Ohlsen, als eine Streitschrift,

> *aus dem innersten Leben des deutschen Geistes gegriffen und bestimmt, in der Klarlegung unserer heutigen vielfach verkommenen Verhältnisse die Anhaltspunkte für die notwendige Wiedergeburt der deutschen Bildung und Kunst zu finden.*[30]

Bode kannte Abraham Bredius gut. Er schickte ihm ein Vorausexemplar von *Rembrandt als Erzieher*, erhielt aber ein im Ton sehr gedämpftes Antwortschreiben, aus dem der Bode - Biograph Ohlsen vor allem die (verständliche) Ablehnung der nationalistischen Einvernahme Rembrandts zitiert:

> *„Daß Rembrandt der deutscheste Maler der Deutschen sein soll, ist doch etwas stark. Sie können einem Holländer nicht zumuten, ein solches Wort für richtig zu erklären. Rembrandt war Mr. Holländer. Wenn da noch stünde Germane, aber ein Holländer von 1640 – 1660 war durchaus etwas anderes als ein Deutscher jener Zeit...".*[31]

Das klingt danach, als hätte Bredius einen gemeinsamen Ursprung im Sinne eines mythischen Germanentums noch akzeptiert, so aber fühlte er sich in seinem Nationalstolz verletzt. Dennoch fiel sein Urteil über *Rembrandt als Erzieher* nicht völlig ablehnend aus, eher mit einer Tendenz zum Positiven, denn Ohlsen zitiert auch seine Worte: *„manches gut und manches falsch .... auch geistreich".*[32]

Es geschieht sicher beiden, Wilhelm (von) Bode und Abraham Bredius, kein Unrecht, wenn man davon ausgeht, dass

---

[30] Ebd. S. 149/50
[31] Ebd. S. 149
[32] Ebd.

sie eine Affinität im Denken besaßen. Sie hatten, seit einer gemeinsamen Reise 1881, engeren Kontakt. In seinen wenig später festgehaltenen Erinnerungen schreibt Bode:

> *An Anregungen für unsere Wissenschaft und angenehme Beziehungen fehlte es in unserem Museumskreis und durch die fremden Kollegen und Kunstfreunde, ... , in jener Zeit wahrlich nicht. Carl Justi und Abraham Bredius sah ich häufiger in Berlin oder ich traf sie unterwegs, namentlich Bredius, nachdem wir uns auf der Reise in Spanien näher kennengelernt hatten.* [33]

Wie tief ihre geistige Verwandtschaft gegangen sein mag, kann hier nicht ausgelotet werden. Die bisher ausgewählten Zitate lassen erkennen, dass eine Übereinstimmung im Glauben an die Kunst bestand, an dieses *medium of the highest art* (Bredius im Burlingtone Magazine) – wenig verwunderlich bei zwei Männern, die ihre Arbeit und ihr Leben ganz dem Kunstsammeln und der Kunstkritik verschrieben hatten. Beide waren aber vor allem auch überaus überzeugt vom ihrem eigenen Können, einem ›Expertentum‹, das sich, ganz im Sinne Langbehns, durch ein intuitives Erfassen auszeichnete. Die Reaktion von Bredius auf *Das Emmausmahl* lassen das deutlich erkennen, wenn er im Burlington Magazine in seiner begeisterten Schilderung dieses Gemäldes auch so formuliert:

> *... The servant is clad in dark brown and dark grey; her expression is wonderful.* **Expression, indeed, is the most marvellous quality of this unique picture.** *Outstanding is the head of Christ, serene and sad, as He thinks of all the suffering which He, the Son of God, had to pass through in His life on earth, yet full of goodness. There is something in this head which reminds me of the well-known study in the Brera Gallery at Milan, for-*

---

[33] Wilhelm von Bode: Mein Leben. Hrsg. von Thomas W. Gaethens und Barabra Paul. 2 Bde. Berlin 1997, Zitat in Band 1, S. 180

merly held to be a sketch by Leonardo for the Christ of the Last Supper. ....
In no other picture by the great Master of Delft do we find such sentiment, such a profound understanding of the Bible story – a sentiment so nobly human expressed through the medium of the highest art.[34] [Herv. von mir]
(... Die Dienerin ist dunkelbraun und dunkelgrau gekleidet; ihr Ausdruck ist wundervoll. Ausdruck, in der Tat, ist die erstaunlichste Besonderheit dieses einzigartigen Bildes. Auffallend ist der Ausdruck Christi, friedvoll und traurig, wie Er an all die Leiden denkt, die Er, der Sohn Gottes, durchleiden musste in seinem Erdenleben, gleichwohl voller Güte. Etwas an diesem Kopf erinnert mich an die bekannte Studie in der Brera Gallerie in Milan, die einst für eine Skizze von Leonardo für das Abendmahl gehalten wurde...
In keinem anderen Bild des großen Meisters aus Delft finden wir eine solche Empfindung, ein so tiefes Verständnis der Bibelerzählung – ein so edles menschliches Empfinden, ausgedrückt durch das Medium der höchsten Kunst.)

Ein solches Hineininterpretieren eigenen, religiösen Empfindens, dem Bredius hier Ausdruck gibt, lässt keinen Raum für rationales Denken. Sein Kunsterlebnis blieb ganz im Rahmen persönlicher Gefühle und kunsthistorischer Vergleiche. Dabei wirkt der Hinweis auf die Skizze von Leonardo, die ja offensichtlich falsch zugeordnet war, in diesem Zusammenhang geradezu wie ein Menetekel. Doch selbst der schiefe Vergleich löste bei Bredius keine Warnsignale aus.

---

[34] Burlingtone Magazine (s. Anm. 18)

Calvinismus und Bilderverbot

Bredius wird heutzutage kritisch gesehen. Im Dictionary of Art Historians wird ihm zwar Anerkennung gezollt, die aber gilt seinen Archivforschungen und Künstlerinventaren: His *impressive work as a archiviste is still admired today*.[35] Charakterlich wird ihm ein schlechtes Zeugnis ausgestellt, seiner zahlreichen heftigen Kontroversen wegen, die er mit Kollegen und Kulturkritikern ausfocht oder selbst in der Öffentlichkeit ausbreitete. Es heißt auch, er habe seine Arbeit als Museumsmann und die des privaten Sammlers nicht genügend getrennt. Wiederholt wurde er in seiner Zeit als Museumsleiter in Den Haag (1889–1909) Gegenstand öffentlicher Skandalberichterstattung, in der der Vorwurf der (gesellschaftlich geächteten) Homosexualität erhoben wurde. Wenn Bredius im Ausdruck der Christusfigur in van Meegerens Gemälde das im irdischen Leben Erlittene so stark betont, dann kann über das Kunsterlebnis hinaus also durchaus eine uneingestandene Selbstidentifikation eine Rolle gespielt haben, die ihn diesen angeblichen ›Vermeer‹, *Das Emmausmahl*, so bewundern ließ.

Was den Kunsthistoriker und -kenner Bredius angeht, so heißt es im Dictionary of Art Historiens, *his methodology was the two-fold and nearly antithetical*[36] (seine Methodologie war zweiseitig und nahezu antithetisch). Obwohl Bredius historisch arbeitete und selbst erstmals wichtige Dokumente zu Vermeer und seiner Familie publizierte (also wusste, wie wenig Nachweisbares es über diesen Maler gibt!) glaubte er an seine innerhalb von Minuten gefassten Urteile. Aber die Frage, wie wahrscheinlich es denn ist, dass Vermeer unter den gesellschaftlichen Bedingungen, in denen er lebte, ein Maler religiöser Bilder werden konnte, blieb einem Denken, wie er es vertrat, leider verschlossen.

---

[35] Dictionary of Art Historians, aufgerufen am 31. 3. 2016. https://dictionaryofarthistorians.org/brediusa.htm,
[36] Ebd.

Wie war also die Situation, wie sah die Gesellschaft aus, in die Johannis Vermeer als Sohn eines calvinistisch getrauten Paares hineingeboren wurde?

Als Calvinist, als der Vermeer 1632 in der Neuen Kirche in Delft getauft wurde (für Angehörige anderer Religionen war das damals nicht möglich), wurde er Mitglied einer Kirche, zu deren Dogmen ein strenges Bilderverbot gehörte. Nach der offiziellen Teilung der Niederlande in einen von Spanien verwalteten katholischen Süden und einen protestantischen Norden waren die Folgen nicht zu übersehen: Die Gotteshäuser hatten nur noch weißgetünchte Wände. Die katholischen Kirchen waren, auch in Delft, in protestantische umgewandelt worden. Als Ausstattung fanden sich Wappenschilder und Zunftfahnen. Religiöse Bilder wurden nicht mehr zugelassen und also in der Republik auch kaum mehr gemalt.

Wer heute die Sammlungen von Nord - Niederländischer (Holländischer) Malerei des 17. Jahrhunderts in den Museen aufsucht, wird (fast) keine religiösen Motive finden, dafür aber Porträts, Landschaften, Seestücke, Stillleben (Blumen und Früchte), bürgerliche Wohnstuben, Genreszenen u.a. mehr. Das sind Gattungen, die auch im Haus von Vermeer hingen. Das nach seinem Tod 1675 angefertigte Inventar führt mehrere *tronien* (Studien) auf, ein Porträt seiner verstorbenen Eltern, Stillleben, eine Landschaft, ein Seestück und auch Zeichnungen. All das hing in den repräsentativen Räumen, in der Vorhalle und in der Haupthalle. Nur bei insgesamt drei Gemälden sind religiöse Motive benannt, sehr traditionelle: eine *Große Kreuzigung* und das *Schmerztuch der Veronika* in der Inneren Küche, eine *Kreuzigung* in einer *keldercammer* (einer Kammer im Keller), nur mit einem Bett, Bettzeug, drei schlechten Stühlen und einem hölzernen Bock eingerichtet. Das war offenbar eine

Kammer für das Dienstpersonal.[37] Das Inventar deutet also absolut nicht darauf hin, dass der Besitzer sich mit religiöser Malerei beschäftigt, ja überhaupt etwas mit ihr im Sinn gehabt hatte.

In der Zeit, in der Vermeer aufwuchs, hatte sich durch das von der calvinistischen Kirche verhängte Bilderverbot in Holland längst eine bürgerliche Bildtradition durchgesetzt. Vermeer wurde einer ihrer Repräsentanten und auch das macht es völlig unwahrscheinlich, dass er Anfang der fünfziger Jahre des 17. Jahrhunderts ausgerechnet mit einer verpönten, nicht nachgefragten Malerei beruflich in Delft Fuß zu fassen versuchte. Zu dem Zeitpunkt trat er der Lukas - Gilde bei, die den offiziellen Kunstgeschmack vertrat und verteidigte. Die Lukas-Gilde war die Zunft, die über die Qualität der Ausbildung wachte und den Verkauf von Kunstwerken steuerte. Die Mitgliedschaft in dieser Institution spricht dagegen, dass die religiöse Malerei bei Vermeers Ausbildung (über die man nichts weiß) eine Rolle gespielt hat. Auch seine eigenen Lebensumstände geben dafür nichts her. Da gilt es Tatsachen und Vermutungen auseinanderzuhalten.

Tatsache ist, dass Johannis Vermeer mit Catharina Bolnes die Verbindung mit einer Katholikin einging. Doch es sieht nicht danach aus, dass sie offiziell, mit staatlicher Anerkennung heirateten. Es gibt Quellen, aber die weisen nur aus, dass eine Eintragung im Delfter Rathaus erfolgte und zwar in einem Vorregister zum eigentlichen Heiratsregister, das offensichtlich die Erklärung der Aufgebote fest-

---

[37] John Michel Montias: Vermeer and his milieu. A Web of Social History. Princeton, New Jersey 1989, S. 339

hielt. Eine Eheschließung Vermeers im eigentlichen Heiratsregister war nicht zu finden.[38]

Eine reine Vermutung ist auch, dass Vermeer zum Katholizismus konvertierte und dass das Paar heimlich katholisch getraut wurde. Dafür gibt es keinen Beleg. Die aus einer nur angenommenen Konversion dann noch abgeleitete These, Jesuiten hätten religiöse Gemälde bei Vermeer in Auftrag gegeben, wirkt wie an den Haaren herbeigezogen. Angehörige dieses Ordens hätten kaum einem jungen, unerfahrenen Maler Aufträge erteilt, ganz unabhängig davon, dass sie auch keine Gemälde mehr brauchten, weil ihnen die Ausübung ihrer Religion verboten war, selbst im privaten Rahmen. Zum Zeitpunkt der Eheschließung (1653) kann das Paar auch kaum Verbindungen in ein kirchliches, katholisches Milieu gehabt haben. Aus dem Eintrag im Vorregister zum Heiratsregister geht hervor, dass Johannes [sic!] Vermeer und Catharina Bolnes schon zu dem Zeitpunkt, im April 1653, im Haus seiner Mutter, im Gasthof *Mechelen* am Großen Markt in Delft, zusammenlebten. Catharinas Mutter, das ist belegt, verweigerte ihre Zustimmung zum Aufgebot. Deshalb kommt sie als Verbindungsglied in katholische Kreise nicht in Frage. Vermeers Verbindung mit Catharina wurde von ihr erst im Februar 1661 anerkannt, also fast acht Jahre später. Sie war im übrigen eine offiziell ›von Tisch und Bett‹ getrennt Lebende, d.h. von ihrem Ehemann geschiedene Frau. Ihre gesellschaftliche Anerkennung kann weder im ›Papistenviertel‹, wo sie wohnte, noch in der calvinistischen Gesellschaft Delfts groß gewesen sein. Die Stilisierung von Maria Thins zu einer hochgestellten, für Vermeer schon in seiner

---

[38] Eine Sichtung der Trauregister durch den ehemaligen Gemeindearchivar Delfts C. D. Goudappel hat ergeben, dass Vermeers Eheschließung nur in einem Unterregister auftaucht, nicht im eigentlichen Trauregister. Er also nicht in Delft getraut wurde. C. D. Goudappel: *Ondertrouw en huwelijk van Jan Vermeer*. In: ders., *Delftse historische Sprokkelingen. Grepen uit de geschiedenis van Delft en omstreken*. Delft 1977, S. 20 – 26

Frühphase als Meistermaler wichtigen Person, entbehrt jeder Grundlage.

Teil 3

Die ›geniale‹ Kopfwendung

Vermeers *Mädchen mit der Perle* - Prüfsteine für eine Stilanalyse

Wie aber nun weiterkommen mit Vermeers *Meisje*, dem *Mädchen mit der Perle*, diesem ganz und gar weltlichen, so modern wirkenden Frauenkopf? Für die Anerkennung als ein echter Vermeer zu argumentieren ist nicht leicht, auf jeden Fall schwieriger als die Frage der Relevanz religiöser Malerei in seiner Zeit und für ihn zu klären. Für eine stilistische, kunsthistorische Einordnung gibt es kaum Vorarbeiten. Selbst das Mauritshuis in Den Haag, wo das *Mädchen mit der Perle* zu Hause ist, begnügt sich auf seiner homepage mit wenigen nüchternen Hinweisen:

Johannes Vermeer,
Meisje met de parel,
c. 1665

> *Meisje met de parel is het beroemdste schilderij van Vermeer. Het is geen portret, maar een 'tronie': een fantasiekop. Tronies beelden een bepaald type of karakter uit, in dit geval een meisje in exotische kledij, met een oosterse tulband en een onwaarschijnlijk grote parel in het oor.*
> *Vermeer was de meester van het licht. Hier is dat te zien aan het zachte in het meisjesgezicht, de glimlichtjes op haar vochtige lippen. En aan de glanzende parel.*[39]
> (Mädchen mit der Perle ist das berühmteste Gemälde von Vermeer. Es ist kein Porträt, sondern ei-

---

[39] aufgerufen am 14.11.2016 https://www.mauritshuis.nl/nl-nl/verdiep/de-collectie/kunstwerken/meisje-met-de-parel-670/

ne ‚tronie': ein Phantasiekopf. Tronien bilden einen bestimmten Charaktertyp ab, in diesem Fall ein Mädchen in exotischer Kleidung, mit einem orientalischen Turban und mit einer unwahrscheinlich großen Perle im Ohr.
Vermeer war ein Meister des Lichts. Hier ist das an der Zartheit im Gesicht des Mädchens zu erkennen, an den Lichtern auf ihren feuchten Lippen. Und an der glänzenden Perle.)

Vor einigen Jahren, unter der vorausgehenden Leitung des Hauses, wurde noch erwähnt, dass die Zuordnung des Gemäldes zu Vermeer nicht gesichert sei. Anschliessend aber begnügte man sich auch damals damit nur noch die Attraktivität des *Meisje* zu beschwören. Die Frage *Waar komt die fascinatie vandaan?* (Woher kommt die Faszination?) wurde so beantwortet:

Het moet iets te maken hebben met het feit dat het meisje over haar schouder kijkt, alsof ze wil zien wie er achter haar staat. Zo wordt de toeschouwer direct bij de voorstelling betrokken, als of hij degene is die het meisje doet omkijken. Maar even belangrijk zijn het frisse kleurgebruik, Vermeers virtuoze schildertechniek en de subtiele manier waarop hij de weerkaatsing van het licht suggereerde. De tulband is bijvoorbeeld verlevendigd met kleine lichtreflecties – een handelsmerk van Vermeer. Heel bijzonder is ook de parel. Die bestaat uit niet veel meer dan twee verfstreken: linksboven een helder lichtaccent en aan de onderkant de zachte weerschijn van de witte kraag. En dan is er nog het meisje zelf, dat ons met een sensuele, halfgeopende mond en grote ogen aankijkt. Ze maakt een onbevangen, licht afwachtende

indruk. Bij velen zal ze sympathie opwekken, al weten we niet wie zij is.[40]
(Das muss etwas zu tun haben mit der Tatsache, dass das Mädchen über seine Schulter schaut, als ob sie sehen will, wer hinter ihr steht. Dadurch hat der Betrachter direkt die Vorstellung, er sei derjenige, den das Mädchen anschaut. Aber auch der frische Farbgebrauch, Vermeers virtuose Maltechnik und die subtile Manier, wie er Lichtschein suggeriert. Der Turban ist zum Beispiel mit kleinen Lichtreflexen lebendig gemacht – eine Eigenart Vermeers. Etwas Besonderes ist auch die Perle. Die besteht aus nicht viel mehr als zwei Farbstreifen: links oben ein heller Lichtakzent und an der Unterkante ein leichter Widerschein des weißen Kragens. Und dann ist da noch das Mädchen selbst, das uns mit einem sinnlichen, halbgeöffneten Mund und großen Augen anschaut. Sie macht einen unbefangenen, leicht abwartenden Eindruck. Bei vielen soll sie Sympathie wecken, wir wissen nicht, wer sie ist.)

Mein Eindruck vor dem Original war ein anderer: Die typische Pose eines Models, hatte ich notiert, glänzende Lippen, etwas verschmiert, Anflug eines Lächelns. So wird verführerische Haltung gerne inszeniert. Bei genauerem Hinsehen wird dann aber auch klar: Der Blick dieses Mädchens wirkt eher distanziert, prüfend, und auch der Typ entspricht nicht dem einer Verführerin. Sie wirkt wie in einer Momentaufnahme. Als hätte sie jemand angerufen und zum Zurückschauen veranlasst. Das streng gebundenen Tuch verbirgt das Haar, so wie es in anderen Gemälden Vermeers das Kopftuch tut. Und dann die Perle! Sie ist tatsächlich sehr groß, man möchte sagen: Kunstschmuck!

---

[40] aufgerufen am 28.01.2010
www.mauritshuis.nl/index.aspx?chapterid=1180&contentID=16037&SchilderijSsOtName=Titel&SchilderijSsOv=Meisje%20met%20de%20parel%

Nicht vergleichbar dem edlen Geschmeide, das in Porträts der flämischen oder italienischen Malerei einst die Damen aus Adelskreisen schmückte.

Aus diesen sehr unterschiedlichen Eindrücken gewinnt Vermeers ›Studie‹ dann doch durchaus einen Reiz, auch wenn ich die Begeisterung nicht teile, zu der sich ein Vermeer - Kenner wie der Experte für Europäische Kunst an der National Gallery of Art in Washington, Arthur K. Wheelock Jr. im Katalog zur großen Vermeer - Ausstellung von 1995/96 hinreißen ließ:

> *Das Mädchen mit seinen feuchten Augen und dem leicht geöffneten Mund strahlt Reinheit aus und bezaubert jeden durch seinen Blick. Die weiche und zarte Haut ist so makellos wie die Oberfläche der großen tropfenförmigen Perle. Wie eine aus der Dunkelheit hervortretende Vision ist sie keiner bestimmten Zeit oder einem bestimmten Ort zuzuordnen.*[41]

Wheelocks Worte zeigen: Die Fallstricke einer auf Subjektivität und Gefühl setzenden Kunstbetrachtung liegen immer noch aus! Leider hat auch die Mythisierung Vermeers als ›Sphinx von Delft‹ noch nicht aufgehört. Der Mangel an Informationen über sein Leben und Werk wurde und wird umgedeutet ins Geheimnisvolle. Der Geniekult um seine Person hat bisher eine kunsthistorische Analyse und auf historischen Fakten beruhende Einschätzung des Werkes mehr verhindert als befördert. Dabei geht es anders: Auch das *Mädchen mit der Perle* lässt Ansätze erkennen, wie es in ältere Bildtraditionen und kunsthistorische Zusammenhänge einzuordnen ist, denn der Bildtypus, ein Brustbild mit einer Kopfwendung der dargestellten Person, war in der Malerei des 17. Jahrhunderts in den Niederlanden weit verbreitet. Davon kann man sich auch im Mauritshuis überzeugen. Das Museum besitzt ein Gemälde Remb-

---

[41] Vermeer. Das Gesamtwerk (Anm. 11), S. 166

randts, die *Tronie van een man met gevederde baret* (Tronie von einem Mann mit gefiedertem Barett, c. 1635 – 1640).[42] Der Mann, mit einem Schmuck im Ohr, schaut direkt auf den Betrachter mit einer Kopfwendung über die rechte Schulter. So wirkt Rembrandts Brustbild wie spiegelverkehrt zu dem *Mädchen mit der Perle*.

Es gibt von Rembrandt viele Köpfe solcher Art. Man denke nur an das berühmte Gemälde *Selbstbildnis mit Saskia* (Gemäldegalerie Dresden[43]), das den Maler mit einer Kopfwendung nach links und einem am Betrachter vorbeigehenden Blick zeigt und seine Frau Saskia in umgekehrte Richtung direkt auf den Betrachter schauend. Schüler von Rembrandt nahmen solche Vorbilder auf. Doch es gibt noch weiter zurückliegende Wurzeln. Die Schule machende Veränderung in der Kopfhaltung, vom frontal auf den Betrachter gerichteten Blick zur dynamischen Kopfwendung, kam viel früher über die Südlichen Niederlande in den Norden und sie ist eng mit der Entwicklung der Bildniskunst in Italien verknüpft.

---

[42] Aufgerufen am 14. 11. 2016
https://www.mauritshuis.nl/nl-nl/verdiep/de-collectie/kunstwerken/tronie-van-een-man-met-gevederde-baret-149/
[43] aufgerufen am 14. 11. 2016:
http://www.skd.museum/de/forschung/forschungsprojekte/laufende-projekte/inter-institutional-research-resource-on-paintings-by-rembrandt/index.html ,

Der ›Van-Dyck-Typus‹ oder das Motiv der ›genialen‹ Kopfwendung[44]

Leider ist es in der Wissenschaft weitgehend üblich geworden, mit der politischen Teilung der Niederlande (offiziell 1648 vollzogen) das Kunstschaffen im Norden, in Holland, als eine vom Süden, vor allem in Flandern, getrennte Entwicklung zu betrachten. Wie irreführend das ist, zeigt die Bildniskunst, speziell die Porträtmalerei. Sie verdankt im Norden und weit darüber hinaus einem heute in den Hintergrund der Aufmerksamkeit geratenen Maler entscheidende Impulse: Anton van Dyck, dem neben Rubens bedeutendsten flämischen Barockmaler.

Für unseren Zusammenhang erhellend sind seine gestochenen Bildnisse, veröffentlicht als *Iconographie*, eine Folge von achtzig, später einhundert Radierungen (erstmals 1645). Diese Sammlung enthält Porträts berühmter Zeitgenossen, unter ihnen von Künstlern, die – das war ungewöhnlich – den Bildnissen vornehmer Personen gleichgestellt wurden. Damit erhob van Dyck den kühnen Anspruch auf Anerkennung der bildenden Künstler als Repräsentanten eines ›Adels‹ der Kunst und - unausgesprochen – erklärte er die Malerei zu einer der Dichtung überlegenen Kunst.

Zur Rezeption der *Iconographie* schreibt Raupp:

> Es waren insbesondere die Bildnisse der virtuosi, deren Typologie ja nicht durch feststehende Formeln und Konventionen „ständisch" festgelegt war, die den größten Einfluß ausgestrahlt haben. Sie wurden zur wichtigsten

---

[44] Meine Ausführungen stützen sich auf Hans-Joachim Raupp: Untersuchungen zu Künstlerbildnis und Künstlerdarstellung in den Niederlanden im 17. Jahrhundert. (Studien zur Kunstgeschichte Band 25). Hildesheim · Zürich · New York 1984.

Quelle der repräsentativen Bildnismalerei des 17. Jahrhunderts nördlich der Alpen.[45]

Der Vorbildcharakter gilt insbesondere für jene Stiche, bei denen die Kopfwendung über die Schulter *zum zentralen Motiv*[46] wurde.

Diesen Typus hat van Dyck auch für eigene Bildnisse verwendet. Er findet sich in seinen berühmtesten, zwischen 1630 und 1638 in England entstanden Selbstbildnissen. Das sind das *Selbstporträt mit der Sonnenblume* (London, Westminster) und – von besonderem Interesse für unseren Zusammenhang – das Gemälde *Endymion Porter mit Anthony van Dyck* (Prado, Madrid). Letzteres zeigt Van Dyck mit einer leichten Neigung des Kopfes etwas nach unten schauend und mit einer scharfen Kopfwendung, den Blick fest auf den Betrachter gerichtet und. Das Licht fällt auf Stirn und Augen:

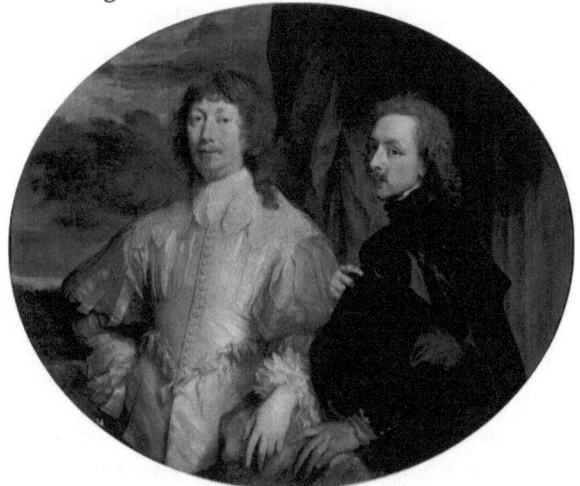

Endymion Porter und Anton van Dyck, Prado

---

[45] Ebd. S. 155
[46] Ebd. S. 208

Es ist dieser ›Van Dyck-Typus‹, den wir bei Vermeer und seinem *Mädchen mit der Perle* wiederfinden. Dass der eine Generation jüngere Delfter (Vermeer wurde 1632 geboren, Van Dyck starb 1641) um den Ursprung dieses Typus' wusste, ist sehr wahrscheinlich, denn die *Iconographie* in der Ausgabe von 1645 zeigte auf dem Titelblatt einen Stich von Jacob Neefs. Dieser Radierer und Stecher hatte eine Büste von van Dyck auf eine Säule gesetzt. Der Kopf war nach den berühmten, mehr als ein Jahrzehnt früher entstandenen Selbstporträts mit der ›genialen‹ Kopfwendung gestochen worden.

Der Antwerpener Anton van Dyck – das sollte nicht unerwähnt bleiben – konnte auf Entwicklungen zurückgreifen, die auch in Holland schon früher eingesetzt hatten. Deren Kennzeichen war eine starke Verlebendigung der Positionen und Kopfhaltungen der Porträtierten, besonders in Gruppenbildnissen. Doch dass sich eine regelrechte ›Porträtkultur‹[47] entwickelte, war vor allem auch dem Umstand zu danken, dass in den nördlichen Niederlanden der Kreis potentieller Auftraggeber stark wuchs: Neben Adel, Militär und vor allem Schützengilden wollten standesbewusste Regierungsbeamte und Diplomaten, Mitglieder von Wohltätigkeitseinrichtungen, von Kammern und berufsständischen Vereinigungen und auch wohlhabende Privatleute sich repräsentativ abgebildet sehen. Schon um das Jahr 1600 herum soll es in jeder einigermaßen bedeutenden Stadt im Norden mindestens einen Porträtmaler gegeben haben. [48]

In Delft wurde der zum Hofmaler der Oranier – Fürsten aufgestiegene Michiel van Mierevelt ihr bedeutendster Vertreter. Das Anatomiestück, das er zusammen mit seinem Sohn Pieter malte (*Die Anatomie des Dr. Willem van der*

---

[47] Rudi Ekkatt & Quentin Buvelot: Holländer im Porträt. Meisterwerke von Rembrandt bis Frans Hals, S. 21
[48] Ebd. S. 23

Meer, 1617, Het Prinsenhof)[49] ist ein typisches Beispielt für den frühen Versuch die Kopfhaltung der zuschauenden, um einen Tisch versammelten Männer zu variieren, einschließlich eines Blicks zurück über die (hier rechte) Schulter.

Einen großen Beitrag zu dieser Entwicklung lieferte auch der in Haarlem tätige Frans Hals, dessen *Portät der Offiziere der Haarlemer Büchsenschützengilde* (um 1625, Haarlem)[50] eine schon übertrieben wirkende Vielfalt zeigt, da jede der zwölf abgebildeten Personen eine andere Körper- und Kopfhaltung bekam. Auch hier findet man (vorne rechts) einen seitlich zum Rand sitzenden Mann, der über die Schulter auf den (imaginären) Betrachter schaut.

Welchen Beitrag Rembrandt leistete – noch individueller experimentierend – wurde bereits erwähnt. Neben ›seiner‹ Kunststadt Amsterdam war aber auch Den Haag, der Delft so viel nähere Regierungssitz Hollands, für neue Entwicklungen in der Porträtkunst wichtig. Das wird zum einem dem Utrechter Gerrit Honthorst zugeschrieben und mit ihm eben Van Dyck: *Gemeinsam mit van Dyck prägte er die Entwicklung des modernen Porträts in den Niederlanden.*[51]

Zu seiner Verbreitung trug dann vor allem auch Adriaen Hanneman bei. Er hatte *zwischen 1626 und 1638 entweder in London bei, oder in der unmittelbaren Umgebung von van Dyck gearbeitet und dessen Stil nach Den Haag mitgebracht.*[52] Und nicht nur den Stil, sondern sicher auch die philosophische Begründung, mit der die Grundlage für die Nobilitierung des bildenden Künstlers geschaffen wurde. Hanneman entwickelte sich in den Fünfziger Jahren, als Vermeer als Meistermaler in Delft zu arbeiten begann, zum bekanntesten Porträtmaler Den Haags.

---

[49] Ebd. S. 25
[50] Ebd. S. 31
[51] Ebd. S. 36
[52] Ebd.

Man kann davon ausgehen, dass unter Künstlern überall im Land über diese Porträtentwicklung – den Stil, die Malweise, die Haltung des Dargestellten, die Physionomie und auch über die ›Philosophie‹, die mit der Bildidee der Kopfwendung verbunden war – gesprochen wurde. Für den Vergleich mit Vermeers Gemälde *Mädchen mit der Perle* ist in diesem Zusammenhang aber auch die Betonung der Stirn- und Augenpartie durch die Lichtführung hervorzuheben. Laut Hans-Joachim Raupp war schon im 16. Jahrhundert in den Niederlanden die Betonung der Augenpartie ein Hinweis auf einen geistbegabten Menschen: [53]

> *Insbesondere die Augen galten als die wahren Fenster der Seele. Große, weit geöffnete Augen galten als Kennzeichen der Weisheit, der Begabung und des guten Charakters.*[54]

Diese Eigenschaften zeichneten nicht nur Männer aus!

Es gibt zwei Werke Van Dycks, die eindrucksvolle Beispiele einer Gleichstellung der Frau sind. Das eine ist ein Ölgemälde. Es trägt den Titel: *Porträt einer Dame als Erminia (Margaret Lemon?)* und ist in dem 1999 im Hirmer Verlag publizierten Van Dyck – Band von Christopher Brown und Hans Vlieghe abgebildet.[55] Das Fragezeichen hinter dem Namen Margaret Lemon zeigt, dass die Autoren sich nicht sicher waren über die Identität des Modells, das als *Erminia* posierte. Zum Glück ist das in dem im gleichen Jahr in der Ed. Gallimard veröffentlichten Bildband *Van Dyck* nicht der Fall. [56] Dort steht unter einer Kopfstudie: *Porträt von Margaret Lemon*. So ist dieses Blatt in der Fondation Custodia in Paris registriert:

---

[53] Hans-Joachim Raupp (Anm. 43), S. 120 ff
[54] Ebd. S. 122 f
[55] Christopher Brown, Hans Vlieghe: Van Dyck 1599 – 1641. Dt. München (Hirmer) 1999. S. 82. Datiert zwischen 1636 und 1640. Sammlung des Duke of Marlborough, Blenheim.
[56] Katilijne van der Stighelen: Van Dyck. Ed. Gallimard 1999, S. 31

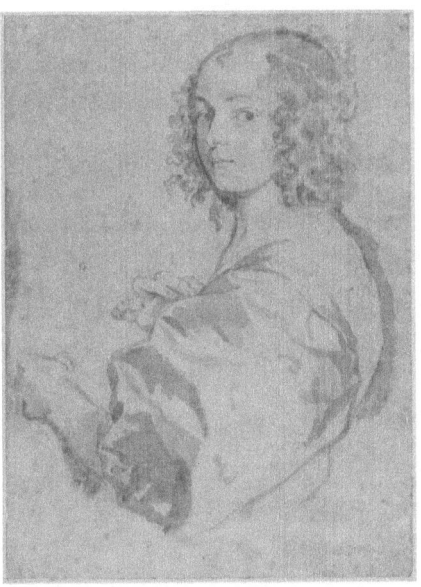

Porträt von Margaret Lemon

Im Ölgemälde wie in der Studie stand Margaret Lemon Modell: Die weiblichen Figuren sind eindeutig identisch und sie zeigen beide die typische van Dyck'sche ›geniale‹ Kopfwendung. Zum Glück gibt die Autorin des Gallimard – Bandes Katilijne van der Stighelen einige Informationen über Margaret Lemon weiter, dass diese eine Geliebte Van Dycks war, mit der er mehrere Jahre in London offen zusammenlebte. Sie soll ein Ausbund an Eifersucht gewesen sein. Da die Damen der Londoner Gesellschaft bei Van Dyck offenbar ohne Anstandsdame Modell standen, habe sie versucht, ihrem Geliebten den Daumen abzubeißen, um ihn am Malen zu hindern. Wenn Van Dyck an ihr festhielt, dann mag das daran gelegen haben, dass *aucune autre femme n'a autant été choisie comme modèle*[57] (keine andere Frau so oft [von Van Dyck] als Modell gewählt wurde).

---

[57] Ebd. S. 31

Margaret Lemon hat offenbar vor allem für mythische bzw. literarische Gestalten posiert. Der Name *Erminia* spielt auf eine von drei weiblichen Heldinnen in der heroischen Dichtung *Das Befreite Jerusalem* (1570 – 1575) von Torquato Tasso an. Dessen Erminia, eine Sarazenenprinzessin, liebt den christlichen Helden Tancred, der sie aus ihrer Heimat vertrieben hat. Sie folgt diesem heimlich in der Rüstung einer anderen. Beide finden am Schluss zusammen.

Van Dyck hat sein Gemälde ganz auf die Gestalt der *Erminia* konzentriert. Andere Maler, unter ihnen Nicolas Poussin (mit dem Gemälde *Tancred und Erminia*, Eremitage, Petersburg), haben dagegen das dramatische Geschehen um einzelne Paare gestaltet. Der Stoff wurde also in der Malerei des 17. Jahrhunderts öfter, aber auch sehr unterschiedlich aufgegriffen und das heißt: Er wurde individuell gedeutet.

Van Dyck zeigt in seinem Ölgemälde nur diese eine weibliche Figur, in ihrem Rücken einen Amor und, auf dem Tisch vor ihr, einen anspielungsreichen Gegenstand: Es ist ein metallener Helm, auf den die Frau ihre Hand legt. Wer die literarische Vorlage kennt, versteht, dass der Maler hier auf den Charakter der historischen Erminia anspielt: kämpferisch, von der Liebe angetrieben. Das erlaubt anzunehmen, dass Van Dyck mit seinem Porträt der Margaret Lemon, für Eingeweihte erkennbar, eine Verteidigung der Geliebten schuf. Ein allgemeines Publikum wird dagegen sein Gemälde als eine Huldigung an den italienischen Dichter Torquato Tasso verstanden haben.

Sowohl im Ölgemälde wie in der Studie gab Van Dyck seine Geliebte so wieder, wie er sich in den berühmten Selbstporträts darstellte: als Brust- oder auch Halbbild mit einer scharfen Wendung des Kopfes nach links, etwas herabschauend und mit einem äußerst intensiven Blick. Damit kennzeichnete er Margaret Lemon zweifellos als eine ihm, dem Künstler, ebenbürtige Dame von Geist und Charakter.

Und er fügte noch etwas hinzu, aber nur bei der *Erminia* im Ölgemälde: Da trägt sie am linken Ohr eine große, tropfenförmigen Perle! Hinlänglich bekannt ist, dass eine Perle in der Malerei auf die Keuschheit oder Jungfräulichkeit einer Frau anspielen kann. Doch der Symbolwert dieses Schmuckes kann sich auch auf den Namen beziehen, in diesem Fall auf Margaret (Lemon), denn das lateinische Wort für Perle ist *margarita*.[58]

Die Übereinstimmung, ganz besonders von Van Dycks Porträt-Studie, mit Vermeers *Mädchen mit der Perle* ist so verblüffend, dass man gerne wüsste, ob diese damals allgemein bekannt war. Heute ist sie in einer privaten Sammlung. Möglicherweise gab es auch davon eine Radierung. Van Dyck könnte eigens Stecher beschäftigt haben, wie Rubens, der in mehreren Orten in Holland Stecher mit Aufträgen zwecks Verbreitung seiner Werke beschäftigte. Mit Sicherheit weiß man immerhin inzwischen, dass die Maltechnik Van Dycks auf jeden Fall verbreitet war, denn bei der gründlichen Untersuchung von Vermeers *Malkunst* zeigte die Infrarot – Reflektogramm - Aufnahme, dass Vermeer bei der Modellierung der Formen, z. B. von Kopf und Arm, genau so vorging wie Van Dyck: Er begann mit einer Untermalung für die Schattenpartien, gerade so, wie es die Porträtstudie von Margaret Lemon zeigt, die zum Vergleich im Ausstellungskatalog abgebildet ist.[59]

---

[58] Rudi Ekkatt & Quentin Buvelot (Anm. 47), S. 102, weisen darauf im Text zu einem Gemälde von Govert Flinck hin, das auf 1655 datierte Porträt von Margret Tulp, der Ehefrau des aus einer führenden Amsterdamer Regentenfamilie stammenden Jan Six (der durch ein wundervolles Rembrandt-Porträt bekannt ist). Ihr Taufname war Margaritha und so schrieb sie sich auch gewöhnlich.
[59] Sabine Haag (Anm. 2) S.202, 203

Das Vorbild Samuel van Hoogstraten

Wenn man, was van Dyck angeht, eine sehr große Nähe in Darstellung und Technik nachweisen kann, so ist in diesem Zusammenhang möglicher Vorbilder ein weiterer Künstler zu würdigen, der nun wie Vermeer aus Holland stammte und den der Delfter nachweisbar kannte: Es ist der Kunsttheoretiker und Maler Samuel van Hoogstraten (1627 – 1678), der als ein Schüler Rembrandts gilt. Seine Bedeutung für Vermeer zeigt sich darin, dass er einer von nur zwei namentlich genannten Malern ist, die im Inventar des Besitzes von Vermeer mit zwei *tronien* verzeichnet sind. Leider ist es auch bei diesen Studien nicht möglich zu erkennen, was sie abbilden und wie sie gestaltet sind. Doch in Kenntnis der Theorien van Hoogstratens darf man annehmen, dass sie in Richtung einer realistischeren Malerei, eines Malens ›nach dem Leben‹, gingen.

Maler, die zugleich Kunsttheoretiker waren, gab es im 17. Jahrhundert in den Niederlanden sehr selten. Van Hoogstraten war insofern eine rare Erscheinung, was seine Bedeutung für seine Kollegen gesteigert haben wird. Sein Werk INLEYDING TOT DE HOOGE SCHOOLE DER SCHILDERKONST (*Einleitung in die Hohe Schule der Malkunst*)[60] erschien erst nach Vermeers Tod. Die darin enthaltenen Forderungen an eine gute Ausbildung und für das Erreichen der Meisterschaft in der Malerei sind aber, davon kann man auch hier ausgehen, durch seine Werke und Weitererzählen bekannt gewesen.

---

[60] INLEYDING TOT DE HOOGE SCHOOLE DER SCHILDERKONST. Anders de ZICHTBAERE WERELT. Verdeelt in negen Leerwinkels, yder bestiert door eene der ZANGGODINNEN. Beschreven door SAMUEL VAN HOOGSTRAETEN. Tot ROTTERDAM. By Fransois van Hoogtraeten, Boekverkooper, M.DC.LXXVIII. (1969, DAVACO PUBLISHERS, Holland)

Heutzutage kennt man Van Hoogstraten vor allem durch seine ›trompe l'œil‹ - Arbeiten, durch die Kunst der ›Augentäuscherei‹. Die theoretische Begründung, die er dazu lieferte, kreist um den Gedanken, dass die Bildende Kunst ohne Täuschungsmanöver nicht denkbar sei, da die Malerei die sichtbare Welt und damit die Natur abzubilden versuche und zwar zum Verwechseln ähnlich. Was speziell die Porträtkunst angeht, da wird van Hoogstraten später den Anspruch formulieren: *Een good Konterfeyter bekoort te mindsten een figuer wel te konnen teykennen.*[61] (Ein guter Porträtist wird dadurch verführen, dass er wenigstens eine Figur gut zeichnen kann). Er merkt auch an: Viele Maler *hebben zicht't na't leeven schilderen van menschentronien...*[62] (Viele Maler sind darauf aus, nach dem Leben gemalte Menschenstudien zu malen). Dieser Trend fand durchaus seine Anerkennung, da - man denke an van Dyck! - er die Meinung vertrat: *,t wel waer, det het aengezicht het voornaemste deel eens menschen is;* (das ist wohl wahr, dass das Angesicht der vornehmste Teil des Menschen ist;). Er selbst schuf zahlreiche Arbeiten, die dem *Mädchen mit der Perle* vergleichbar sind: Darstellungen von Köpfen oder Brustbilder ohne Beiwerk, vor schwarzem Hintergrund.[63] Dazu gehörten auch Selbstbildnisse und Köpfe von Personen, die er in Gruppenbildnisse übertrug. Um diese lebendiger zu machen, zeigen in den Gruppenporträts oft mehrere Köpfe eine Wendung, sowohl nach links wie nach rechts.

---

[61] Ebd. 44, Polymnia, Deerde Hooftdeel (3. Hauptteil)
[62] Ebd.
[63] Dagmar Hirschfelder: Tronie und Porträt in der niederländischen Malerei des 17. Jahrhunderts. Berlin 2008, S. 32 und folgende.

Ein erstes Fazit:

Das *Mädchen mit der Perle* passt in Vermeers Zeit und zu Vermeer. Bevor dieses Gemälde entstand, hatte der ›Van-Dyck-Typus‹ bzw. die ›geniale‹ Kopfwendung bereits eine längere Tradition. Sie reichte, um diese Bildidee aus dem engen Zusammenhang mit dem Künstler(selbst)bildnis herauszulösen und sie auf ein Brust- oder Halbbild zu übertragen, das im strengen Sinne keine *tronie* (Studie) mehr war, sondern ein selbstständiges, voll ausgeführtes Gemälde, ein Porträt. Der Trend zu dieser Bildidee wurde offenbar in den Jahren, bevor Van Hoogstratens *Einleitung in die Hohe Schule der Malkunst* erschien (1678), so stark, dass dieser Autor selbst schon kritisierte, die Maler seien so auf Köpfe versessen, dass sie keine ganzen Körper mehr malen könnten, nicht mehr Arm oder Bein, selbst nicht einmal eine gesunde Schulter an den Kopf ihres *Konterfeytsels* (des Porträtierten) machen könnten. Bei Vermeer muss man sagen: Es ist bei ihm umgekehrt gewesen. Mit seinen Interieurs hatte er bereits bewiesen, dass er die Darstellung menschlicher Figuren, in der Regel Frauen in Dreiviertelfigur, zur Meisterschaft gebracht hatte, bevor er eine *tronie* mit der Kopfwendung in Angriff nahm. Die Tatsache, dass gerade in der Schaffensphase vor seinem frühen und plötzlichen Tod mehrere *tronien* in den Räumen seines Hauses hingen, beweist eine Aufgeschlossenheit gegenüber diesem Format. Vermeer muss sich mit dem Bildtypus längere Zeit beschäftigt haben, bevor er 1675 starb.

Etwa zehn Jahre vor Vermeeres Tod soll das Gemälde entstanden sein, das als sein künstlerisches Testament gilt, weil er mit ihm sein Selbstverständnis als Maler ins Bild setzte. Es ist *Die Malkunst*, dessen Authentizität inzwischen gut begründet ist. Die weibliche Gestalt in diesem Werk, von der bereits im Vergleich mit van Dycks Technik bei der Porträtstudie der Margaret Lemon kurz die Rede war, stellt Klio dar, die Muse der Geschichte. Die junge, als Modell posierende Frau zeigt als einzige von den Frauen in seinen Interieurs die Kopfwendung (nach links). Ein Vergleich mit dem *Mädchen mit der Perle* kann zeigen, dass es noch mehr übereinstimmende Details gibt und damit gute Argumente für die Überzeugung, dass die sogenannte *tronie* Vermeers tatsächlich auch ein Porträt ist und zu Recht als ein authentisches Gemälde anzuerkennen ist.

Eine „Muse der Geschichte" namens Klio und das *Mädchen mit der Perle*

Mit dem Gemälde *Die Malkunst* (*De Schilderconst*) hat Vermeer eine ganz und gar hintergründige Komposition gewählt. In den Mittelpunkt stellte er eine Szene, die seine eigene Art des Schaffens spiegelt, denn er zeigt hier den Entstehungsprozess eines Staffeleibildes (ein Maler vor dem lebenden Modell, also ›nach dem Leben‹ malend!). So sind Werke entstanden wie die *Frau mit Waage*, die *Briefleserin am offenen Fenster*, *Das Küchenmädchen*. In diesen Interieurs findet man die Kopfwendung nicht und auch nicht den Schmuck.[64] Bei der Figur, die mit den Gegenständen in ihren Händen – Buch und Trompete – als die antique Muse der Geschichte Klio inszeniert ist, hat Vermeer ein modernes Gehänge mit drei Perlen eingefügt, das schon auf der Höhe der Schläfe beginnt und offenbar im Haar befestigt ist.

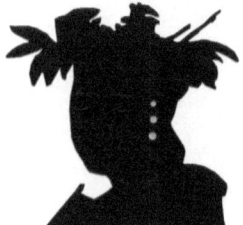 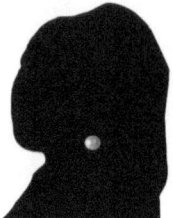

Klio und das *Mädchen* (Vermeer nachempfunden)

Drei Perlen bei der Klio, eine sehr große beim *Mädchen mit der Perle*. Die Maltechnik ist ähnlich: Vermeer setzte einen Lichtreflex auf die linke, obere Seite. Die jungen Frauen

---

[64] Eine Ausnahme ist das Gemälde *Schlafendes Mädchen* (um 1657, Metropolitan Museum of Art, NY, das jedoch nicht immer zum Gesamtwerk gerechnet wurde.

sind auch ähnlich gestellt, Oberkörper bzw. die Schulterpartie sind im Profil zu sehen. Das Kleidungsstück ist im Rücken stark auskragend. Die Köpfe sind nach links gedreht, das Licht fällt auf Stirn und Wangen, die Hautpartien sind glatt und etwas rosig. Beide weiblichen Figuren düften in einem engen zeitlichen Zusammenhang entstanden sein. Doch in welcher Reihenfolge?

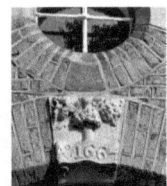

1664 / 1665 oder wann?
Für das *Mädchen mit der Perle* gibt es ein inzwischen allgemein akzeptiertes Entstehungsdatum, etwa 1665. *Die Malkunst* soll später entstanden sein. Ich halte die umgekehrte Reihenfolge für wahrscheinlicher, denn das *Mädchen mit der Perle* ist keine (Vor-) Studie. Es ist ein für sich stehendes Ölgemälde. Mit der Konzentration auf den Gesichtsausdruck und den Kopf wirkt es wie die ›modernere‹ Form eines Charakterbildes. Es entspricht geradezu idealtypisch den Ansprüchen Van Hoogstratens, der frei nach dem Motto *Men kann niet altijts flatteeren* (Man kann nicht immer schmeicheln), empfahl, *de volmarktheden meer dan de gebreken, in't Konterfeyten waer te nemen*[65] (bei Porträts mehr die Vollkommenheit als die Gebrechen wahrzunehmen) und darum bei einer weniger schönen Jungfrau ruhig mal etwas dazuzugeben. Doch letztlich kam es ihm auf den genauen Blick an:

onderzoek, met een kenrich en vliejtich oog, welke schoonheden of bysondere bevalligkheden, of wat wezentlikjke mijnen gy daer in bevint zijn, en volg dezelve

---

[65] Van Hoogstraten (Anm. 60), 44

met al uw krachten nae, zoo zal uw tronie leeven, en een aerdigen geest krijgen.[66]
(Untersucht, mit einem kenntnisreichen und fleißigen Auge, welche Schönheiten und besonderen Merkmale, was an wesentlichen Eigenheiten sich darin befindet, und folget denselben mit all eurer Kraft nach, so soll eure tronie leben, und einen wahren [naturgemäßen] Geist bekommen.)

Schönheit und doch ein sehr eigener Ausdruck! Wie gut passt das auf Vermeers *Mädchen*! Wenn ihre makellose Haut gerühmt wird, dann hat der Maler hier sicher, wie allgemein in der Porträtmalerei üblich, geschönt. In der Realität war seinerzeit die Hygiene ein Problem, Krankheiten schlugen sich im Aussehen nieder. Doch Vermeer malte die Haut makellos. Er vertuschte aber nicht die leicht Basedowschen Augen und auch nicht die etwas strenge Oberlippe, die er durch ein verschmiertes Lippenrot runder erscheinen ließ. Die so hoch gelobte Perle ist – gemessen an dem Schmuck, der bei Van Dyck's Geliebter Margaret Lemon zu erkennen ist – schon recht künstlich. Doch gerade dadurch passt sie zu einem Mädchen aus dem Bürgertum, denn echte Perlen waren damals wertvoller als Gold.

Auch wenn das *Mädchen mit der Perle* und *Die Malkunst* in einem engen zeitlichen Abstand entstanden sein werden, von der Komposition her markieren sie unterschiedliche Stufen der Entwicklung. In seinem großen Ölgemälde hat Vermeer, wie gesagt, mit der Entstehung eines Staffeleibildes seine frühere Art zu malen als ›Bild im Bild‹ in Szene gesetzt und diese damit zu einem Höhepunkt und – möglicherweise – zu einem Ende gebracht. Das Verbindende zwischen beiden Gemälden ist, dass er dort wie hier eine symbolische Ebene einfügte. So lässt er Klio die Bedeutung der Geschichte für einen Maler veranschaulichen. Gemeint ist der Maler im Bild, denn in seine Richtung mit rückwärts

---

[66] Ebd. 45

gewendetem Kopf, aber gesenkten Augen, eher auf den Boden unter sich schauend, als auf einen imaginären Betrachter , steht die weibliche Figur da. Der Lorbeer auf ihrem Kopf, der auch als Anfang des geplanten Gemäldes auf der Staffelei zu erkennen ist, hat die Bedeutung eines Ehrenzeichens, denn er schmückte üblicherweise Cäsaren! Hier zeigt er an, dass der mit dem Rücken zum Betrachter sitzende Maler Klio als die ranghöchste der traditionellen Musen darstellen will.[67] Auch bei Vermeer kommt also die Rangordnung der Künste ins Spiel. Im damals viel geübten Wettstreit um den ersten Platz wird der Dichtung auch bei ihm der erste Platz streitig gemacht.

Was das Motiv der Kopfwendung angeht, so ist es in der *Malkunst* da, aber noch nicht voll ausgeprägt. Da Vermeer diese weibliche Figur die Augen niederschlagen lässt, fehlt Wesentliches: so die stärkere Drehung des Kopfes, die einen intensiveren Blick zurück erlaubt, der geöffnete, auch als ›sprechend‹ geltende Mund und vor allem die direkte Fixierung des Blicks auf einen (imaginären) Betrachter. Dieser Merkmale wegen halte ich das *Mädchen mit der Perle* für die spätere Fassung der Kopfwendung, die in dieser Form erst entstand, nachdem Vermeer sich von der Dreiviertelfigur und dem Raum abwandte und sich ganz auf einen Auschnitt und die Physionomie einer Person konzentrierte.

Aus dem allen folgt der Schluss: Ich sehe in dem *Mädchen mit der Perle* ein authentisches Werk von Johannis Vermeer. Es ist eine künstlerisch gelungene, wirkungsvolle Anwendung der ›genialen‹ Kopfwendung, ebenbürtig der Zeichnung von Van Dyck, dem Porträt von Margaret Lemon. Ein ›Meisterfälscher‹ dürfte sich an einer solchen, auf wesentliche Merkmale konzentrierten Bildidee, die Zähne ausbeißen. Wie schwer sie nachzustellen ist, beweisen die Auf-

---

[67] Ebd

nahmen zum Film von Peter Webber (2003, 110 Minuten), der nach dem Bestseller von Tracy Chevalier *Girl with a Pearl Earing* entstand. Da posiert die Hauptdarstellerin Scarlett Johansson in der Haltung des *Mädchen mit der Perle*.[68] Von dem Foto kann man sich schwer vorstellen, dass es in berühmten Sammlungen landet. Der Filmstar blickt dem Betrachter voll ins Gesicht, die aufgeworfenen Lippen sind übertrieben fleischig, Haltung und Kopfband wirken künstlich. Eine banale, eine schlechte Kopie.

---

[68] http://www.girlwithapearlearringmovie.com/ , dort **Fotos zum Film, aufgerufen am 14.11.2016**

Teil 4

Eine letzte Frage und eine Spurensuche

Wer mag das *Mädchen* gewesen sein?

In der Literatur ist schon oft die Frage gestellt worden, wer sie wohl war, Vermeers *Mädchen*. Die Antwort lautet bis heute: Eine Unbekannte! Für ihren Bestseller *Girl with a Pearl Earing* hat die amerikanische Autorin Tracy Chevalier alle Personen der Handlung erfinden müssen: das Aussehen Vermeers, den Charakter seiner Frau, die Rolle seiner Schwiegermutter. Sie hat auch, damit die Geschichte eine Liebesgeschichte wird, ein Dienstmädchen namens Griet in den Haushalt des Malers eingeführt. Griet ist ein Mädchen aus armen Hause, das sein ungewöhnliches Form- und Farbgefühl schon auf den ersten Seiten des Romans beim Schneiden und Sortieren des Gemüses zeigt, sich damit als geeignet erweist für den Knochenjob im Haushalt des Malers und – ihm sei Dank – zu der Hausmagd avanciert, die als einzige sein Atelier reinigen und ihm schließlich als Modell dienen darf (und möglicherweise mehr, da bleibt die Autorin vage). Griet wird das *Mädchen mit der Perle*. Anders ausgedrückt: Tracy Chevalier hat sehr phantasievoll (nicht gerade feministisch angehaucht) und sehr erfolgreich auf ein altes Klischee zurückgegriffen, das vom Maler und seinem Modell, seiner Geliebten.

Leider wissen wir nichts darüber, wen Vermeer als Modell beschäftigt haben könnte, außer vermutlich seine Ehefrau. Man weiß nicht einmal, wo sein Atelier war, ob im eigenen Haus oder außerhalb. Dass er ein Dienstmädchen aus dem großen Haushalt (Ehefrau, Schwiegermutter und elf Kindern) abgezogen haben soll, ist doch sehr unwahrscheinlich, auch dass ein Dienstmädchen damals, meist aus armen Haushalten stammend, ein so reizvolles Mädchen mit einem starken Ausdruck gewesen sein kann. Sachgerechter scheint es mir, die Fiktion zu lassen, was sie ist, ein Phantasieprodukt, und lieber weiter wie bisher in lebens- und kunsthistorischen Zusammenhängen zu argumentieren. Das geschieht mit dem Ziel zu klären, ob Vermeers *tronie* nicht das Porträt einer jungen Frau gewesen sei kann, eine in seiner Umgebung bekannte Person, die sich aus den Dokumenten zur Familie und zu Personen, mit denen er Kontakt hatte, herausfiltern lässt. Tatsächlich lässt sich dazu eine auf Quellen gestützte Phantasie entwickeln.

Es gibt eine vielversprechende Spur, und diese führt zu einer Familie der gehobenen Gesellschaftsschicht in Delft, zu Maria de Knuijt, der Ehefrau von Pieter Niclaesz. van Ruijven, und zu ihrer gemeinsamen Tochter und Erbin Magdalena. Ein handfestes Indiz dafür ist das Testament von Maria de Knuijt vom Oktober 1665, das in der Dokumentensammlung bei John Michel Montias sehr ausführlich, aber leider nicht in der Originalsprache und nicht vollständig wiedergegeben ist. Dieses Dokument wurde in seiner weitreichenden Bedeutung bisher nicht erkannt.[69] Das liegt daran, dass John M. Montias, ein amerikanischer Wirtschaftshistoriker (aber das gilt auch für die auf ihn fußenden Interpreten) die relativ selbstständige Stellung der Frau in der damaligen holländischen Gesellschaft nicht beachtete. Die Frauen behielten nicht nur ihren eigenen Namen (wie auch in diesem Testament Maria de Knuijt), sie konnten auch über Besitz verfügen und hatten einen, im Vergleich zu anderen europäischen Ländern, hohen Bildungsstand. Doch in der wissenschaftlichen Literatur werden weder die Frau Vermeers noch diese Ehefrau als eigene Persönlichkeiten verstanden. Den Ehemännern wird dagegen große Bedeutung zuerkannt, im Falle des Pieter

---

[69] Montias (Anm. 36), Dok. 301, S. 322

Claesz. van Ruijven (so der Name bei Montias) eine übertriebene Bedeutung, denn Montias stilisiert ihn zum möglicherweise alleinigen Mäzen Vermeers. Dabei gibt es keinen Beleg dafür, dass Pieter van Ruijven für den Künstler eine besondere Rolle spielte. Gekannt haben sie sich, denn van Ruijven räumte ihm und Catharina – das war im Jahr 1657 – einen Kredit über 200 Gulden ein[70], den sie pünktlich innerhalb eines Jahres beglichen. Danach sind keine weiteren Kontakte belegt. Erst mit dem acht Jahre später notariell verfassten Testament von Maria de Knuijt ist (ein letztes Mal!) eine Verbindung zu erkennen: In ihrem 1665 aufgesetzten Letzten Willen bedenkt die Ehefrau von Pieter van Ruijven den Maler Vermeer mit einer Summe von 500 Gulden.

Eine außergewöhnliche Verfügung!

Das Testament vom 19. Oktober 1665 ließ Maria Simonsdochter de Knuijt von einem Notar in Leiden aufsetzen für den Fall, dass sie ihren Mann überlebte, und auch für den Fall, dass sie keine Kinder hinterließ. Dieses Vermächtnis war eine Ergänzung zu zwei früheren gemeinsamen Testamenten, in denen die Eheleute sich gegenseitig zu Universalerben bestimmt hatten. Jetzt wollte Maria de Knuijt, eingedenk der Tatsache, dass – so ist es im Schriftstück ausgedrückt – nichts sicherer sei als der Tod und nichts ungewisser als der Zeitpunkt, zu dem er eintritt,[71] die Weitergabe ihres Besitzes regeln. Für ersteren Fall (es gibt Nachkommen) setzte sie ihr Kind bzw. Kinder, die sie dank der Gnade Gottes noch bekommen könnte, und deren Nachfahren zu Universalerben ein. Sollte(n) ihr(e) Kind(er) vor ihr sterben (das war offenbar bereits bei zweien der Fall) und keine direkten Nachkommen da sein, wurde folgendes verfügt: Der größte Teil ihres Besitzes sollte an drei Einrichtungen gehen, an die Waisenkammer, die Wohltä-

---

[70] Ebd. S. 312
[71] Ebd. S. 322, nach der englischen Wiedergabe von Montias.

tigkeitskammer (*Camer van Charitate*) sowie an die Reformierte [calvinistische] Kirche für die Priesterausbildung. Darüber hinaus verteilte Maria de Knuijt die damals sehr beträchtliche Summe von neunzehntausend fünfhundert Gulden: Je 6000 Gulden an die Kinder und Nachfahren ihres jüngst verstorbenen Bruders Vincent sowie an einen Neffen ihres Mannes, einen Händler in Amsterdam, der offenbar für sie Staatsanleihen und andere Papiere erworben hatte. Ebenfalls 6000 Gulden sollte ein Chirurg bekommen bzw. ‚falls schon verstorben, seine Kinder, diese aber nur mehr 1000 Gulden. Mit 1000 Gulden wurde der Bruder ihrer Mannes, ein Notar in Delft, bedacht und schließlich gingen an *Johannes Vermeer, painter 500 guilders*[72].

Die Zuwendung an den Maler ist außergewöhnlich. Montias meint sogar, sie sei *a rare, perhaps unique, instance of a seventeenth-century Dutch patron's testamentary bequest to an artist.*[73] Was Montias außer Acht lässt: Hier ist der Dutch patron eine Frau, Maria de Knuijt! Pieter van Ruijven war bei dem Notarstermin nicht anwesend. Es ging in diesem Testament von 1665 allein um ihre Entscheidung über den gesamten Besitz, über den sie nach einem vorausgehenden Tod ihres Mannes bestimmen konnte. Das zu regeln war sie mit zwei namentlich genannten Personen als Zeugen beim Notar erschienen. Die Zuwendung an Vermeer ist demnach ihre Sache. Sie muss ihn als Künstler geschätzt haben. Dass er als Maler gemeint war und nicht (was ja auch möglich wäre) als Oberhaupt einer befreundeten Familie, lässt das Testament klar erkennen: Die Zueignung wurde ausdrücklich auf Vermeer beschränkt, weder seine Kinder noch seine Nachfahren sollten das Geld erhalten. Sollte Vermeer vor Maria de Knuijt sterben, was dann tatsächlich der Fall war, würde das Legat null und nichtig sein.

---

[72] Ebd. S. 323
[73] Ebd. S. 250

Über dieses Testament vom Oktober 1665 hinaus ist leider über Maria de Knuijt nicht mehr bekannt als ihr Heirats- und ihr Sterbedatum (das eine 1653, das andere 1681). John Michael Montias fand zwar viel über den Ehemann heraus, bei dem er selbst den feinsten Verästelungen im Stammbaum nachspürte, um dessen vornehme Abstammung zu belegen, doch von Maria de Knuijt gibt es noch nicht einmal ein Geburtsdatum. Aus ihrem Heiratsdatum kann man immerhin ableiten, dass sie 1653 wahrscheinlich zwischen 21 und 24 Jahre alt war, denn das war ein gängiges Heiratsalter für Mädchen. Dann hätte sie ihr Testament etwa im Alter zwischen 34 und 37 Jahren aufsetzen lassen. Das schließt aus, dass sie selbst das Modell für das *Mädchen mit der Perle* gewesen sein kann. Das Gemälde zeigt eine sehr junge Frau, die sie nicht mehr war. Maria de Knuijt wird den Maler aber gekannt haben. Das lässt sich aus einem ganz anderen Zusammenhang schließen. Laut einem späteren Dokument sollte Vermeers Elternhaus, das *Mechelen* am Marktplatz, im Jahr 1669 verkauft werden. Zum Standort der Herberge heißt es dort, dass sich westlich vom *Mechelen* das Haus der Witwe von Vincent van Knuijt anschließt.[74] Also niemand anderes als der im Testament von Maria de Knuijt erwähnte Bruder. Er war somit der Nachbar der Voss / Vermeers und ihrer Kinder gewesen. Dass Vermeer dort zumindest ab 1653 für gewisse Zeit mit Catharina gelebt hat, ist dokumentiert. Sollte das Haus von Vincent de Knuijt auch dessen Elternhaus gewesen sein, könnte Vermeer Maria schon als Kind gekannt haben. Die Nachbarschaft macht es sehr wahrscheinlich, dass ein Kontakt zwischen Maria de Knuijt und Vermeer nicht die Hilfe ihres Ehemannes Pieter van Ruijven brauchte. Im Gegenteil: Der Kredit von 1657 kann durch ihren Bruder oder auch durch sie selbst vermittelt worden sein.

Vermeer war Ende der fünfziger, Anfang der sechziger Jahre als Künstler im Aufstieg begriffen und zumindest in

---

[74] Montias (Anm. 37), S. 329, Nr. 324

Liebhaberkreisen bekannt. Maria de Knuijt mag damals eine seiner Käufer(innen) geworden sein. Es spricht nichts dagegen, dass sie selbst Gemälde kaufte, die Teil einer gemeinsamen Kunstsammlung des Ehepaares wurden. Es hat eine solche Sammlung gegeben, denn in dem Testament von Maria de Knuijt findet eine *Schilderkonst* (Malkunst) Erwähnung, für die es eine eigene Verfügung gab. Demnach waren alle Gemälde in einem gesonderten Büchlein erfasst, das als integraler Teil einem bereits früher verfassten gemeinsamen Testament beigegeben worden war. Auflistung und Verfügung sind leider nicht überliefert. Doch zum Glück überlebte die zur Universalerbin bestimmte Tochter Magdalena beide Elternteile, und es ist ihre Hinterlassenschaft, die weiterführende Informationen zu den Gemälden enthält, die in ihrem Haus hingen und die, zumindest zum Teil, aus der Sammlung gekommen sein werden.

Auch Magdalena van Ruijven muss leider weitgehend eine rätselhafte Frau bleiben, denn auch zu ihr gibt es keine weiteren Quellen, außer eben – auch hier - die von ihr gemachte Verfügung über das, was sie hinterlassen würde. Daraus lässt sich weiteres erschließen.

Magdalena van Ruiven muss die Malerei geliebt haben. Sie war ab 1680 mit dem Sohn des Delfter Buchdruckers Abraham Dissius verheiratet und schon zwei Jahre später im Alter von 26 Jahren verstorben. Die Auflistung des Besitzes, den sie hinterließ, belegt: In allen Räumen des gemeinsamen Hauses hingen Gemälde, insgesamt einundvierzig, darunter zwanzig Vermeers (!). Die erstaunliche Tatsache, dass in diesem Dokument hinter so vielen Werken der Name Vermeer auftaucht, sonst aber nur noch ein weiterer Künstlername (alle anderen Werke bleiben anonym), ist darauf zurückzuführen, dass ihr Mann alle Gemälde auflisten musste, weil das gesamte Erbe, in zwei gleiche Teile geteilt, an ihn und an seinen Vater Abraham Dissius gehen sollte. Von den Gemälden waren sechs dem Teil zuzuordnen, der Gerätschaften und Haushalt enthielt, aber sonst keine Bilder. Diese sechs Bilder sollten ausschließlich Vermeers sein. So führte die Aufteilung zwischen Vater und Sohn dazu, dass heute wenigstens die hohe Zahl der Vermeer - Gemälde bekannt ist. Titel und Umschreibungen fehlen leider auch hier, bis auf vier Werke, als deren Motiv ›Kirche‹ angegeben ist.

Natürlich hat es Spekulationen gegeben, um welche Gemälde Vermeers es sich im Haus von Magdalena van Ruijven gehandelt haben kann und wie es zu so vielen kam. Da es bei solchen Überlegungen immer nur um Thesen und in der Mehrzahl um wenig wahrscheinliche geht, sei hier eine eigene aufgestellt.

Sie muss – wie anders? – mit Maria de Knuijt beginnen. Da sie im Jahr 1665 den Maler Vermeer in ihrem Testament bedachte, wird sie aus seinem bis dahin entstandenen Werk etwas gekannt, geschätzt und gekauft haben. Vorausgesetzt, die inzwischen allgemein anerkannten Datierungen lassen sich halten (eine Diskussion darüber wäre gut) tippe ich auf Vermeers *Frau mit Waage*, seine Allegorie der *Gerechtigkeit*. Es ist das auf ca. 1664 – also ein Jahr vor dem Notarstermin – datierte Gemälde mit dem *Jüngsten Gericht* als Bild im Hintergrund. Maria de Knuijt war, das zeigt ihr Testament, eine sich zum Calvinismus bekennende, fromme und sozial denkende Frau. Die *Frau mit Waage* müsste sie angesprochen haben, denn hier ist das Thema die Forderung nach Toleranz und der Glaube an Erbarmen und Gerechtigkeit im Religiösen (am Tag des ›Weltengerichts‹) und im Politischen (bei einer über die Religion und das Gewissen der Bürger bestimmenden Obrigkeit).[75] In

---

[75] S. die ausführliche Interpretation bei Silke Jendrowiak: Vermeer. Sicht auf Delft und ein Frauenideal. Korrigierte und ergänzte Ausgabe, Hamburg 1986.

dieser Hoffnung konnte sich Maria de Knuijt dem Maler Johannis Vermeer verbunden fühlen.

Der Ehemann Pieter van Ruijven war von ganz anderer Natur. Er hatte zwar, wie schon sein Vater, zeitweise die Funktion eines Vorstands der *Camer van Charitate* (Wohltätigkeitskammer) inne, doch das war keine gesellschaftlich herausragende Stellung, gemessen an seinen offenbar sehr viel höheren Ambitionen. Pieter van Ruijven brachte 16.000 Gulden auf, um die Hälfte der Herrschaft Spalant und mit den Ländereien den Titel eines Lord von Spalant zu erwerben.[76] Zuwendungen an karitative Einrichtungen sind von ihm nicht bekannt. In einem eigenen Testament, das auch er später als Ergänzung zu den früheren, gemeinsamen aufsetzen ließ, vermachte er Spalant seiner Tochter, die Nutznießrechte an seine Frau. Pieter van Ruijven starb 1674, fünf Jahre vor Maria de Knuijt. Beide hatten demnach Gelegenheit, in den sechziger und siebziger Jahren und Maria sogar bis 1681 Gemälde zu kaufen. Doch so viele Vermeers?

Über die Hälfte der Gemäldesammlung von Magdalena waren Werke von Vermeer, man darf annehmen, überwiegend Figurenbilder. Die Motive der anderen waren thematisch ziemlich einseitig ausgerichtet, vor allem auf Landschaften und Nachtszenen, die man als unterschiedliche Formen einer Gattung ansehen kann. Sie waren mit insgesamt 11 Gemälden vertreten. Ein Gemälde, das ausdrücklich als Seestück bezeichnet wird, insofern auch als Landschaft verstanden werden kann, ist von Jan Porcellis, einem zwei Generationen älteren Künstler als Vermeer es war, der mit Seeschlachten, Schiffen und sturmgepeitschter See berühmt geworden war. Sein Seestück dürfte das teuerste in der Sammlung gewesen sein. Dann waren da noch vier Architekturstücke (Kirchen), vier *tronien* und das Porträt (Selbstporträt?) eines Malers. Es fällt schwer zu glauben,

---

[76] Montias (Anm. 36), S. 251

dass dies die Kunstsammlung eines reichen und vor allem passionierten Sammlers gewesen sein soll, den John Michael Montias in Pieter van Ruijven sieht. Da gibt es keine Italiener oder Flamen oder andere große, begehrte Kunstrichtungen der Zeit, auch keine bekannten Vertreter der Malerei, die später unter dem Begriff Genremalerei zusammengefasst werden sollte. Wenn Pieter van Ruijven die Landschaften und Nachtstücke zusammengetragen hat, dann zeigte er sich damit als ein Mann mit einem sehr einseitig ausgerichteten, konservativem Kunstgeschmack, der nicht viel in Malerei investiert haben kann, bei weitem nicht so viel wie in die Ländereien und den Titel von Spalant. Von Vermeer könnte ihm, denke ich, wenn überhaupt, *Die Ansicht von Delft* oder *Die Straße* gefallen haben.

Bei den Frauen seiner Familie ist das anders einzuschätzen. Maria de Knuijt könnte sich nicht nur für die *Frau mit Waage* interessiert haben, sondern auch für *Das Küchenmädchen*, die ja auch eine Allegorie ist, die der Caritas, der für die Familie sorgenden Frau. Möglicherweise steuerte sie für Gemälde, die Frauen mit Musikinstrumenten zeigen (Gitarre, Clavecin) die Vorlagen bei, denn der Nachlass von Magdalena weist Musikinstrumente und Musikbücher aus. In Vermeers Haushalt gab es, laut Inventar so etwas nicht. Von daher kann ein Interesse der beiden Frauen van Ruijven für seine Malerei so stark gewesen sein, dass Magdalena und ihre Mutter nach dem Tod Vermeers dessen Werke zurückkauften. Seine Witwe Catharina hatte zwanzig Gemälde abgegeben an einen Kunstsammler, der im Auftrag einer Schuldnerin tätig geworden war. Es kann aber auch noch eine engere Bindung an Vermeers Malerei gegeben haben: Ob eine der *tronien* im Besitz von Magdalena einen ganz besonderen Wert für sie hatte, weil sie selbst es war, die für das *Mädchen mit der Perle* posierte?

Wenn man, wie ich, davon ausgeht, dass dieses Gemälde *Mädchen mit der Perle* nach der *Malkunst* entstand, möglicherweise erst Anfang der siebziger Jahre, als Magdalena 16 oder 17 Jahre alt war, dann kann sie es gewesen sein, die für diesen Charakterkopf Modell stand. Möglicherweise war sie es auch, die schon für die Klio in der Malkunst posierte. Reproduktionen können heutzutage stark aufgelöst werden und dann sieht man: Die Klio ist runder in der Wangenpartie, ihre Stirn nicht so gerade hochgezogen, so kantig und die Oberlippe viel schmaler als bei den früheren weiblichen Figuren in den Interieurs. Die Klio wirkt zwar wie eine jüngere Ausgabe der reiferen weiblichen Gestalten in den Interieurs von Vermeer und es gab auch schon die Vermutung, es sei seine Tochter gewesen, die als Klio inszeniert wurde, aber es kann auch eine sehr ähnliche Frau gegeben haben, eben Magdalena. Und ist der Gedanke denn abwegig, dass Vermeer diese Tochter aus gutem Hause, Magdalena van Ruijven, als Modell für eine so ganz und gar nicht anrüchige, zu verehrende antike Muse Klio gewinnen konnte?

Und noch ein Gedanke drängt sich auf, dass es ein früheres Gemälde von Vermeer gegeben haben kann, zu dem es eine persönliche Beziehung von Mutter und Tochter van Ruijven gab. Keine Kopfstudie sondern das Porträt einer Frau in einer etwas steifen Pose und in einer , für die erste Hälfte der fünfziger Jahre, recht altertümlichen Festtagskleidung: schwarz mit großem weißen Kragen, der von einer goldenen Brosche geschlossen wird. Ein Porträt von Maria de Knuijt aus Anlass oder nach ihrer Hochzeit?

Warum diese These? Ist es etwa ein Wunschdenken, getrieben allein von der Sucht, einen Vermeer zu entdecken? Oder spricht nicht doch manches für eine gar nicht so unwahrscheinliche Möglichkeit?

Das Gemälde, das ich meine, ist das *Porträt einer jungen Frau mit weißen Handschuhen* und hängt im Budapester Museum der Schönen Künste, im Szépművészeti Múzeum.[77] Als sein Maler wird heute ein Willem Drost vermutet. Er war ein Zeitgenosse Vermeers und gilt als ein Schüler Rembrandts. Leider kenne ich das Porträt nicht im Original. Doch die Reproduktion, die das Museum mir zur Verfügung stellte, gibt einen guten Eindruck und erlaubt ein vorsichtiges Urteil.

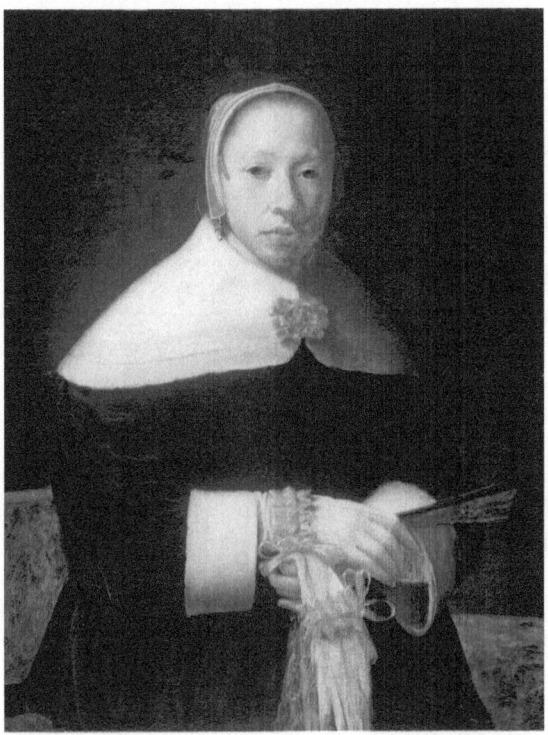

früher Vermeer zugeschrieben, heute Willem Drost:
Porträt einer jungen Frau, Budapest

---

77 © Szépművészeti Múzeum / Museum of Fine Arts Budapest, 2017

Dieses Budapester Porträt wurde – nachdem es kurze Zeit Rembrandt zugeschrieben war[78] - jahrzehntelang (ab 1892) als ein Vermeer betrachtet, eine Einschätzung, der sich auch Hofstede de Groot (1907) anschloss. De Groot war ein ebenso hoch geachteter Kunstexperte wie Abraham Bredius, der jedoch gegen seinen Stellverteter im Museum heftig intrigiert haben soll. Man darf vermuten, weil auch de Groot Werke entdeckte, die als verschollen galten und bei denen er mit seiner Einschätzung nicht immer auf die Zustimmung von Bredius stieß. Knapp zwanzig Jahre später plädierte auch Wilhelm von Bode (1926) für Vermeer. Erst 1948 tauchte der Name Willem Drost als ein Vorschlag auf. Die Entscheidung blieb lange offen, pendelte derweil zwischen ›nicht Vermeer‹, ›Rembrandt Werkstatt‹ und immer wieder ›Vermeer‹. Also Grund genug, eine Zuordnung zu Vermeer nicht für abenteuerlich zu halten.

Erst mit Werner Sumowski trat (zunächst 1969 und vor allem 1983) ein überzeugter Anhänger von Drost in Erscheinung. In seiner fünfbändigen Ausgabe Gemälde der Rembrandt – Schüler von 1883[79] räumte er dem weitgehend nur Experten bekannten Maler von biblischen Motiven, allegorischen Halbfiguren und Kopfstudien, einen beachtlichen Platz ein. Wie er schrieb auch Jonathan Bikker in seiner im Jahr 2005 erschienenen Monographie zu Willem Drost das Budapester Porträt diesem zu.[80] Doch die teilweise ganzseitigen, farbigen Abbildungen, die Bikker seinen Bildbeschreibungen beigab, lassen sehr gut erkennen, dass bei Drost ein völlig anderer Frauentyp Modell stand:

---

[78] Ich stütze mich hier auf die Literaturliste in Jonathan Bikker: Willem Drost (1633 – 1659). A Rembrandt Pupil in Amsterdam and Venice. New Haven & London, 2005.
[79] Werner Sumowski: Gemälde der Rembrand-Schüler in vier Bänden und einem Supplement-Band (V). 1983. Pfälzische Verlagsanstalt, Landau /Pfalz
[80] Jonathan Bikker: Willem Drost (1633-1659). A Rembrandt Pupil in Amsterdam and Venice. New Haven & London. S. 2005.

›Schönheiten‹ mit feinen, ebenmäßigen Zügen, oft mit einem leichten Lächeln in den Mundwinkeln. Die Gemälde *Bathsheba with King David's Letter* (Paris, Louvre) und vor allem *Young Woman in a Brocade Gown* (London, Wallace Collection), sind die beiden bekanntesten. In beiden zeigen die Frauen sehr viel nackten Busen, auf den das Licht fällt. Undenkbar bei Vermeer!

Am ehesten vergleichbar mit dem Budapester *Porträt einer jungen Frau mit Handschuhen* (dem, wie ich meine, möglichen Vermeer) ist tatsächlich das *Bildnis einer Frau* (1653), das Abraham Bredius besaß und das heute im Bredius – Museum in Den Haag ist. Beide Male handelt es sich um sehr traditionelle Porträts. Die Frauen, in Dreiviertelfigur, sind nach der alten spanischen Mode gekleidet, in schwarz mit großem weißen Halstuch und Handschuhen in der Hand. Doch das Porträt im Museum Bredius ähnelt mit der langen Nasenlinie, den sanft geschwungenen Lippen und der Augenpartie sehr stark der *Bathsheba*, aber nicht der Frau im Budapester Porträt. Diese ist eine ernste, verschlossen wirkende Person, keine ›Schönheit‹ wie die *Bathsheba* und entspricht somit wohl kaum der ›idealisierenden‹ Annäherung, die Bikker für die Frauendarstellung bei Drost für typisch hält.[81]

Zu einer religiösen Frau, einer Maria de Knuijt, aber würde dieses Porträt einer Frau in traditioneller Tracht und mit nur einem Schmuck, Perlenohrringen, passen. Ihre Hochzeit war im August 1653. Das Budapester Gemälde kann aus Anlass einer Hochzeit gemalt worden sein. Dafür sprechen die mit gestickten Stulpen versehenen Handschuhe, die in der Porträtmalerei der ersten Jahrhunderthälfte oft als Brauthandschuhe ins Bild gesetzt wurden. So in berühmten Porträts von Frans Hals oder Nicolaes Eliasz. Pi-

---

[81] Ebd. S. 95: Vor allem die hohen Augenbrauen, die mandelförmigen Augen und die lange Nase verraten demnach *the artist's idealizing approach* bei der Darstellung von Gesichtern..

ckenoy. Doch im Unterschied zu den reichen Patriziern und den golddurchwirkten Frauenkleidern, die diese malten, findet man hier mit der goldenen Brosche, dem Ohrgehänge und eben den Handschuhen einen bescheidenen Wohlstand abgebildet, passend zu einer Maria Simonsdochter de Knuijt, die ihren Besitz sehr wahrscheinlich einem väterlichen Erbe verdankte und die in der Provinzstadt Delft beheimatet war.

Ich halte das für einen schönen Gedanken: Erst ein Hochzeitsporträt der Mutter, dann eine Kopfstudie der Tochter!

Diese Tochter Magdalena muss ein eigenwilliger Charakter gewesen sein. Den gesellschaftlichen Ehrgeiz ihres Vaters kann sie nicht gehabt haben. Mit Jacobus Dissius heiratete sie – erst relativ spät mit 24 Jahren – einen Mann, der im Gildebuch als Buchbinder eingetragen war, aber immerhin von seinem Vater, dem Buchdrucker, das Haus am Markt und die Buchpresse überschrieben bekam. Ihr eigener Vater wird von dieser Verbindung nichts erfahren haben, da er sechs Jahre vorher starb. Ob ihre Mutter die Heirat gebilligt hat, sie starb ein Jahr später, oder ob Magdalena sich bei ihr durchsetzen konnte, wer will das entscheiden? Tatsache ist, dass niemand aus ihrer Familie, nicht ein einziger Verwandter, etwas von ihrem Erbe erhielt. Da Magdalena und Jacob keine Kinder hatten, vermachte sie alles ihrem Mann und dem Schwiegervater. Das sieht dann doch danach aus, dass sie mit ihrer Familie gebrochen hatte.

Über die Bedeutung, die Vermeer für Magdalena van Ruijven hatte, kann man so viel sagen: Sie hat seine Werke bis an ihr Lebensende bewahrt und sie an Jacobus und Abraham Dissius weitergegeben. Sie konnte offenbar davon ausgehen, dass die beiden dieses Erbe bewahrten, was sie auch taten. Erst nach dem Tod ihres Mannes, im Oktober 1695, ging der Nachlass offenbar an einen Cousin. Wenig später wurden in einer Auktion in Amsterdam neben anderen Gemälden einundzwanzig Werke von Vermeer versteigert, darunter alle seine berühmten, die *Frau mit Waage*, *Das Küchenmädchen* und wahrscheinlich auch *Die Malkunst*. Diese wurde als ein Porträt von Vermeer in einem Raum bezeichnet. In der Kunstwissenschaft ist *Die Malkunst* bis ins späte 20. Jahrhundert hinein als eine Darstellung Vermeers in seinem Atelier interpretiert woden. Das passt zusammen. Es gab auch eine *tronie* in antiker Kleidung. Vielleicht eine Studie für eine Klio? Und dann noch eine *tronie*. Das *Mädchen mit der Perle*?

Magdalena ist das extravagante, als orientalisch verstandene Kopftuch zuzutrauen. In ihrem Besitz gab es zwei türkische Männermäntel. Die damals, eine Zeitlang als Trend herrschende türkische Mode war ihr also vertraut. In ihrem Nachlass steht zwar nichts von einer solchen *tronie* in antiker Kleidung, doch den Begriff hätte ihr Mann sicher auch nicht für ein Brustbild in Öl gewählt, wenn denn damals dieses Tuch überhaupt als orientalisch verstanden wurde. Jacob Dissius benutzte in seiner Auflistung stets den Begriff Gemälde. Ich denke mir das *Mädchen mit der Perle* aber auf jeden Fall als Teil der Kunstsammlung von Margareta van Ruijven. Nach deren Tod und mit dem Tag, an dem ihr Erbe verstreut wurde, begann für dieses Porträt, das *Mädchen mit der Perle*, eine Odyssee durch viele Hände und Sammlungen, bis es 1881 in Den Haag wieder in der Öffentlichkeit auftauchte, auf einer Auktion, auf der es für 10 Gulden, 30 Stuyver verramscht wurde.

Bildnachweise

Seite 20
Han van Meegeren: The Men at Emmaus St 1
© Museum Boijmans van Beuningen, Rotterdam. Loan:
Museum Boijmans van Beuningen Foundation /© photograher: Studio Tromp, Rotterdam

Seite 51
Anthony van Dyck: Endymion Porter and Anthony van
Dyck © Museo Nacional del Prado

Seite 55
Anthonie van Dyck: Portret van Margaret Lemon © Fondation Custodia, Collection Frits Lugt, Paris

Seite 83
Willem Drost ascribed to: Portrait of a woman
© Szépművészeti Múzeum / Museum of Fine Arts Budapest

Umschlaggestaltung und alle anderen Abbildungen
© Silke Jendrowiak

Links zu Gemäldeabbildungen

Gemälde von Vermeer
eine Übersicht im Kleinformat kann man gut finden über:
https://de.wikipedia.org/wiki/Jan_Vermeer

Mauritshuis Den Haag:
https://www.mauritshuis.nl/nl-nl/verdiep/de-collectie/kunstwerken/meisje-met-de-parel-670/

Wien:
http://www.khm.at/de/besuchen/sammlungen/gemaeldegalerie/ausgesuchte-meisterwerke/
Die Malkunst ist unter: Holländische Malerei 17. Jh

zu Rembrandt
https://www.mauritshuis.nl/nl-nl/verdiep/de-collectie/kunstwerken/tronie-van-een-man-met-gevederde-baret-149/

Dresden
http://www.skd.museum/de/forschung/forschungsprojekte/laufende-projekte/inter-institutional-research-resource-on-paintings-by-rembrandt/index.html ,

Gemälde von Willem Drost:
Über die Suchmaschine www.bing.com/images und dann in die Suchmaske Willem Drost / Bathsheba eingeben. Das führt zu einer Bildergalerie, die alle Gemälde mit weiblichen Modellen zeigt.

https://www.bing.com/images/search?q=Willem+Drost&qs=n&form=QBLH&scope=images&sp=-1&pq=willem+drost&sc=8-12&sk=&cvid=9FA4E3C17487411388833D247157F9BA

www.ingramcontent.com/pod-product-compliance
Lightning Source LLC
Chambersburg PA
CBHW030446220526
45464CB00006B/2435